힐링이 아니라
파이팅

힐링이 아니라 파이팅

발　행 | 2022년 3월 3일
저　자 | 김석욱
펴낸곳 | 한의빌더
이메일 | kswookck@naver.com
ISBN | 979-11-965601-9-5

〈목차〉

머리말

목표는 원래 불가능이다.

원래 미래의 목표는 현재의 불가능입니다. 지금을 기준으로, 목표는 불가능입니다. 그러다보니 목표를 이야기했을 때, 주변의 반응은 불가능하다는 것이죠. 나의 미래를 보지 않는 타인들은 당연히 지금, 현재 불가능한 일이니, 불가능하다고 판단을 하는 것이죠.

그럼에도 불구하고, 현재 불가능하다고 여겨지는 것을 목표로 설정하는 것은 아주 당연한 겁니다. 현재 가능한 일을 목표로 잡을 이유가 없으니까요. 현재는 이룰 수 없는 일을 목표로 잡는 겁니다.

살아오면서 세웠던 목표들은 모두 한 때는 불가능한 것이었습니다. 우리는 그 불가능을 알게 모르게 하나씩 이루어 왔고, 이루지 못해왔습니다. 또 앞으로 이룰 것이고, 이루지 못할 것입니다.

내가 삶에 임하는 마음가짐에 따라 더 이룰 수도 있고, 더 이루지 못할 수도 있습니다. 내 힘으로 어찌할 수 없는 부분에 의한 실패는 어쩔 수 없습니다. 다만, 내 마음이 약해져 생길 수 있는 실패는 막을 수 있습니다.

인간이 어찌할 수 없는 부분을 제외하고 나면, 최선을 다할 수밖에 없는 어찌할 수 있는 부분이 남습니다. 그 부분을 위해 열심히 살아야 하는 이유에 대해 이야기 해 보려고 합니다.

1. 오늘 하루 힘들었다면

'내 인생은 항상 행복해야 하고 즐거워야 한다.' 는 마음 가짐이 있다면, 제대로 행복할 수 없습니다. 나는 당연히 행복해야 한다는 생각이면 행복할 수 없습니다.

그러니까, '내 인생은 언제든 불행할 수 있고, 고통스러울 수 있다.' 는 마음가짐이 있어야만, 제대로 행복할 수 있습니다. 나는 당연히 불행할 수 있다는 생각이면 행복할 수 있습니다.

당연한 것은 인지하지 못 합니다. 산소의 존재는 당연하고 익숙하죠. 그 가치를 잘 인식하기는 어렵습니다. 물속에 빠져서 산소가 당연하지 않을 때야 산소의 존재 가치를 알 수 있습니다.

행복이 당연하다는 생각으로는 행복의 가치를 알 수 없습니다. 오히려 불행의 가치를 더 잘 알 수 있게 될 뿐입니다.

반면, 불행이 당연하다는 생각으로는 행복의 가치를 더 잘 알 수밖에 없습니다.

로또를 사면, 낙첨이 당연하죠. 놀랍지 않습니다. 당첨은 당연하지 않죠. 굉장히 놀랍습니다. 당연하지 않은 것을 더 크게 느낍니다. 당연한 것은 익숙하고도 쉽게 잊혀 집니다. 아무런 변화도 기억도 남기지 않습니다. 5만원 당첨된 날은 기억하면서 낙첨된 날은 기억할 수 없는 것과 같죠.

행복도 마찬가지입니다. 행복을 당연하다고 생각하면, 행복을 기억할 수 없습니다. 우리는 불행을 고통을 당연하다고 생각하며 살아야 합니다. 역설적으로 불행이 당연해질 때, 우리는 진정 행복의 길로 나아갈 수 있습니다.

노력의 고통도 그렇습니다. 꾸준히 묵묵히 고통을 감내하며 이 고통이 어느새 당연해졌을 때, 우리는 성공을 마주할 수 있을 겁니다.

오늘 하루 행복하지 않았어도 좋습니다. 불행했다면, 고통을 감수했다면, 그걸로 충분히 의미가 있는 하루입니다.

2. 힘든 운동의 의미는

마라톤을 하는 분들의 이야기를 들어보면, 결승선을 통과하는 순간, 안도감을 느낀다고 합니다. 더 달리지 않아도 괜찮다는 안도감이요. 고통스러운 순간들을 인내해온 만큼 안도감은 더 클 수 있겠죠. 문득, 고통 없는 안도감은 존재할 수 있을까 라는 생각이 들더라고요. 또 어쩌면 힘들게 달리는 그 모든 과정 속에서 알게 모르게 안도감과 행복감을 만들고 있었던 건 아닌가 생각도 들고요.

제가 느끼는 보디빌딩도 유사합니다. 오랜 기간 훈련과 다이어트를 통해 본인이 원하던 목표를 달성하는 순간, 끝났다는 안도감이 몰려옵니다. 저는 시합 당일이면, 있는 힘껏 쥐어짜야지! 라는 각오나 다짐보다도 될 대로 되어도 좋으니 얼른 끝났으면 좋겠다는 조급함이 더 크게 느껴집니다. 결과야 어찌 되었든 준비하는 과정에서 노력할 만큼 했다는 생각이 있거든요.

결과를 떠나 열심히 노력하는 것 자체가 어쩌면 가장 근본적인 행복일지 모릅니다. 열심히 노력하며 고통을 느끼는 것이 행복이라는 이야기입니다. 표면은 고통이지만, 이면은 행복이죠. 자연계에서 동물들을 보면, 먹이 사냥을 할 때, 가장 치열하게 노력합니다. 그 치열한 노력의 결과가 사냥 성공이고 생존확률을 높이는 일이 되기 때문에, 어느 정도 그 노력이 고통스럽게 힘들더라도 지속할 수 있어야 합니다.

그래서 치열하게 노력하다 보면, 고통을 감내하다보면 알게 모르게 그 과정에서 희열을 느끼게 되는 것은 아닐까 저는 생각하고 있습니다. 그리고 그러한 방식을 통해 얻는 행복이 가장 근원적인 성격의 행복이라고 생각하고 있습니다. 치열한 노력은 결국 사냥성공이자 생존이라는 공식이 깊은 무의식 속에는 있을 테니까요. 아주 오래달리다 보면 왠지 모를 희열감이 느껴지는 러너스 하이나, 웨이트 트레이닝을 마치고 나서 느껴지는 왠지 모를 뿌듯함이 바로 그 증거가 될 수 있겠죠. 사실 조금 더 넓게 보자면, 무언가 열심히 하는 것 자체는 생존확률을 높였을 겁니다. 그러한 상관관계가 오랜기간, 아주 오랜기간 축적되온 것이 우리의 유전자에 내재되어 있으리라 생각을 합니다. 그리하여 하루를 열심히 살고 나면, 정말 기분이 좋죠. 아는 분들은 아실 겁니다.

현대사회에서는 적은 비용을 들이고도 높은 칼로리의 풍부한 짠맛이 있는 가공식품을 사먹을 수 있죠. 치열하게 노력하는 사냥의 과정이 사라지고, 오직 성과만 결과만 즐기는 상태입니다. 그러다보니 우울증이 여기저기 흔하게 퍼져있는지도 모릅니다. 치열하게 노력하는 과정 속에 담긴 근원적인 행복을 모두가 놓치게 되니까요. 그런 이유에서라도 매일 매일 다소 육체적 고통을 동반하는 운동이 필요합니다. 마라톤이든, 웨이트트레이닝이든, 그 무엇이 되었든 간에요.

요즘 우울하다면, 숨차고 고통스럽게 운동을 해보십시오.

3. 나 홀로 떳떳하다는 것은

타인의 영향을 받지 않는 사람. 떳떳한 자기 자신일 수 있는 사람은 어떤 사람일까요? 인간은 사회적 동물이기에 온전히 타인의 영향을 받지 않는 것은 힘들겠죠. 내가 지금 당장 입고 있는 옷만 해도 실제로 내가 만든 것이 아니죠. 타인이 만든 겁니다.

다만, 타인에 휘둘리지 않고 자기 자신의 가치와 뜻을 잘 표현하고 실천할 수 있는 사람이 존재하겠죠. 그 과정에서 타인의 좋은 영향은 참고하고, 나쁜 영향은 거르는 그런 주체적인 사람이 바람직하리라 생각이 듭니다. 그렇다면, 이런 사람은 어떤 사람일까요?

바람의 영향을 받지 않는 나무가 있다면 어떤 모습일까요? 바람이 불 수 없는 땅 속에서 자라는 나무의 모습일까요? 아니면, 바람이 없는 달 위에서 자라는 나무의 모습일까요? 이런 환경에서 나무가 자랄 수는 있을까요? 백번 양보해서 그럴 수 있다고 치더라도, 만약, 바람이 존재하지 않는 환경에서 자라는 나무라면, 바람의 영향을 받지 않는 것이 아니라, 받지 못하는 것이 아닐까요?

땅 위로 성장하고 있으면서도, 땅 아래로 깊이 뿌리 내리고, 바람의 방향에 따라 흔들리기도 하되, 부러지지 않고 꿋꿋이 성장하는 나무의 모습이 바람직한 모습이죠.

빙판의 영향을 잘 받지 않는 사람은 빙판길에 자꾸자꾸 미끄러지며, 무너지는 사람일까요? 아니면, 빙판길에도 씽씽 앞으로 잘 나아가는 김연아 선수 같은 사람일까요? 당연히 후자죠. 익숙할수록 더 영향을 받지 않는다고 할 수 있고, 떳떳할 수 있습니다.

영향을 받지 않는다는 것은, 그 영향이 없는 환경에서 살아간다는 뜻이 아닙니다. 그런 영향이 있음에도 불구하고, 자신의 뜻을 펼치는 삶을 살아간다는 뜻 입니다

정말로 우리가 타인의 영향을 받지 않으려면, 타인과의 접촉을 꺼려하고 피해서는 안 됩니다. 오히려 아주 익숙해져야 합니다. 실제로 타인과의 교류를 피한다는 것은 타인의 영향을 너무 많이 받기 때문에 그것이 두려워서 피하는 경우가 대부분입니다. 그러니 오히려 더 적극적으로 교류해야 하고 대화해야 하고 배워야 하고 소통해

야 합니다. 완전히 익숙해져서 자연스러워졌을 때,

그 때야 비로소 타인의 영향을 받지 않고 떳떳하게 온전
하게 자기 자신일 수 있는 사람이 되는 겁니다. 바람이
존재하지 않는 환경에서 살아야 바람의 영향을 받지 않
는 것이 아니라, 강한 바람을 극복할 수 있는 강인함이
있어야 바람의 영향을 받지 않을 수 있습니다.

4. 노력을 늘리는 법

한 실험에서 마약중독자집단, 일반인 집단, 고도의 훈련을 받은 해군 및 초장거리 달리기 선수 엘리트 집단 세 집단으로 나누어 산소부족 상황에 노출을 시켜 보았습니다.

마약중독자 집단과 일반인 집단은 산소부족상황에 노출이 되었을 때, 인지기능이 저하되었습니다. 당연하죠? 산소부족이라는 환경에 갑자기 노출이 된다면, 동요하게 되면서 섬피질(자기인식이 이루어질 때 활동하는 대뇌 겉질의 부분)이 오작동하게 되고요. 인지기능이 떨어지겠죠.

반면, 엘리트 집단은 역으로 인지기능이 높아졌습니다. 정말 놀랍고 재밌죠? 누구는 위기에 무너지고, 누구는 위기에 강해집니다. 다시 말해, 같은 위기라도 약한 사람은 위기에 무너지고요. 강한 사람은 위기에 더 강해집니다.

그렇다면, 또 다른 실험을 하나 보죠. 일반인을 대상으로 한 실험입니다. 한 집단은 육체 훈련만 시켰고요. 다른 한 집단은 육체 훈련을 시킴과 동시에 정신훈련까지 병행했습니다. 운동을 시키면서 동시에 문제도 풀게 한 것이죠. 그러한 훈련 끝에 탈진할 때까지의 체력을 체크하는 테스트를 시행했습니다.

육체적인 체력을 테스트하는 것인데, 육체 훈련만한 집단은 42% 향상되었고요. 육체 훈련과 정신 훈련을 같이한 집단은 126%가 향상되었습니다. 몸과 마음을 동시에 단련시킬 때, 우리는 훨씬 더 강해질 수 있다는 겁니다.

다시 말해, 더 노력할 수 있는 방법은, 육체적이든 정신적이든 힘들고 난처한 상황에 지속적으로 노출되고, 또 노출이 되고, 그럼에도 포기하지 말고 끝까지 자기자신을 컨트롤 하려고 노력하고 또 노력하는 것이죠.

공부를 잘하고 싶으면, 공부를
운동을 잘하고 싶으면, 운동을
노력을 잘하고 싶으면, 이 두 가지 모두를.

5. 내 사고방식은 어떻게 흘러가고 있나

왜 체지방은 줄이면서 근육은 늘리는 것이 쉽지 않을까요?

동화작용과 이화작용은 동시에는 잘 이뤄지지 않습니다. 그러니까 이화작용이 일어나는 모드가 ON이 되면 체지방이든 근육이든 정도의 차이가 있겠지만, 둘 다 감소되는 방향으로 흘러갑니다. 반대로 동화작용이 일어나는 모드가 ON이 되면 체지방이든 근육이든 역시 정도의 차이가 있겠지만, 둘 다 증대되는 방향으로 흘러갑니다. 살만 있는 것 같은 아주 고도비만인 사람들이 생각보다 힘이 센 이유는 여기에 있죠. 체지방이 훨씬 더 많이 동화되었지만, 그러면서 근육도 일부 동화되었기 때문입니다.

그렇기 때문에 이화작용을 통해 체지방은 분해하고, 동화작용을 통해 근육은 합성하는 것은 어렵죠.

그렇다면 근육은 늘고 체지방은 준 케이스는 뭐죠? 사기인가요?

스타트가 워낙 별로면 충분히 가능하고도 남는 일입니다. 그러니까 몸 상태가 별로일수록 쉽게 이룰 수 있는 목표죠. 마침 이화작용을 할 때, 근육은 덜 체지방은 더 분해하고, 동화작용을 할 때, 체지방은 덜 근육은 더 합성하는 과정을 반복하여 결국 근성장과 체지방 감소를 동시에 이룰 수 있게 되는 것입니다. 현재 몸 상태가 체지방률은 과도하고 근육량은 모자라다면 이를 이루기 위한 완벽한 조건입니다.

이런 당연한 이야기를 하려고 영상을 찍은 건 아닙니다.

비슷한 개념으로 긍정적인 사고와 부정적인 사고가 있습니다. 하나는 동화작용 하나는 이화작용 이렇게 비유하면 좋습니다. 두 사고 모두 필요하죠. 부정적인 사고는 문제를 인식하는 데 꼭 필요합니다. 긍정적인 사고만으로는 문제점을 찾을 수가 없으니까요. 또, 해결책을 찾기 위해서는 긍정적인 사고가 꼭 필요합니다. 부정적인 사고만으로는 해결책을 찾을 수 없기 때문입니다.

우리는 보통 부정적인 사고로 살아갑니다. 그러다보니 여러 문제점들을 발견하고, 투덜대죠. 이 부정적인 사고

모드로는 해결책을 찾을 수가 없습니다. 해결책은 말 그대로 해결책이라 긍정적인 생각을 기반으로 나오는 것이거든요. '이걸 어떻게 해결하겠어. 절대 해결 못해. 망했어.' 하는 사고방식에서는 아무리 쉬운 문제라도 해결책이 나오지 않죠. 계속 이화작용을 하면서 근육량이 커지지 않는다고 불평하는 것과 같아요.

불평하고 있는 나 자신을 발견했다면 그 순간이 바로 긍정적인 사고가 필요할 때입니다. 문제를 풀 수 있을 것 같다는 마음, 난관을 극복할 수 있을 것 같다는 마음, 나는 할 수 있을 것 같다는 마음을 기반으로 해야만 해결책을 찾을 수 있습니다.

지금 내 인생의 불만이 떠오르나요? 해결책이 떠오르나요?

6. 망각의 축복

시간이 지날수록 기억은 희미해집니다. 이것은 정말 큰 축복입니다.

행복한 일이 희미해지는 것은 슬픈 일이죠. 거꾸로 슬픈 일이 희미해지는 것은 기쁜 일이죠. 사실 희미해진다면 인지하지 못하게 되니 슬프지도 기쁘지도 않겠지만요. 19세기 독일의 심리학자인 헤르만 에빙하우스는 사람의 기억에 관한 연구를 통해 망각곡선이라는 이론을 남겼죠. 이론 이름처럼 시간이 경과할수록 사람의 기억이 희미해진다는 것인데요.

무의미한 알파벳 세 개를 외우게 한 다음 얼마 만에 잊혀 지는지 조사했습니다.

20분 후 기억한 내용의 42%를 망각합니다.
1일 후 74%를 망각하고요
30일 후 79%를 망각합니다.

한 달만 지나도 80%를 잊습니다.

만약, 아주 힘든 기억이 생기더라도 한 달만 있으면, 거의 잊혀지는 셈이죠. 저도 그렇습니다. 고3 때 열심히 공부했었는데, 얼마나 힘들었는지 잘 기억은 안 납니다. 보디빌딩 시합 준비하면서도 많이 힘들었는데, 잘 기억도 안 납니다. 시합은 올해는 꼭 나가야죠. 또, 훈련소에서 1등을 했었는데, 체력테스트를 할 때 정말 열심히 했던 기억이 조금 있는데요. 얼마나 힘들었는지 기억이 잘 안 납니다.

아니, 힘들게 노력해도 어차피 기억 못 할거면, 지금 열심히 하는 것이 낫지 않나요? 힘들어도 어차피 잊을 텐데요. 지금 맛있는 것 먹고 탱자탱자 놀면 좋겠지만, 그것도 잊혀 지거든요? 그럴 거면 그냥, 열심히 하는 게 낫지 않나요?

7. 저 벌레는 얼마나 힘들까?

셀 수 없이 빠르게 날개짓을 하며 비행하는 곤충들을 보고 문득 궁금해진 것이 있습니다. 저 생명체는 얼마나 힘들까?

우리도 힘들다는 말을 달고 살죠. 음, 저는 힘들다라는 말을 금기시 하는 편입니다. 힘들다고 말을 하는 것도 싫어하고 듣는 것도 싫어합니다. 힘들다고 말 하는 순간, 힘들다는 것을 다시 인식하게 되고 힘듦에 집중하게 되고요. 힘들다고 듣는 순간 역시 마찬가지입니다. 와이프가 직장에서 힘들었다는 이야기를 할 때, 화를 낸 적도 있습니다. 노발대발 화를 내는 편은 아니고, 조곤조곤 내는 편이긴 한데, 그래도 잘못했죠. 지금은 잘 못해도 들어주고 공감해주려고 노력 중입니다. 그렇지만, 여전히 와이프가 아닌 다른 사람들에게는 기존의 기준을 적용합니다. 힘들면 뭐 어쩌겠습니까? 더 열심히 해야죠.

무언가 열심히 하는 것은 힘이 들죠. 공부 열심히 하는 것도 힘들고요. 운동을 열심히 하는 것도 힘이 들죠. 저도 그렇습니다. 무엇이 더 힘들까요?

전력질주로 계단을 오르는 것이 에너지 소모량을 기준으로 따졌을 때, 가장 힘들다고 볼 수 있는데요. 가만히 앉아서 책을 읽는 것보다 약 7~14배 정도 높아진다고 합니다. 둘 다 힘들기는 하지만, 전력질주로 계단을 조금만 올라보면 아시겠지만, 정말 숨이 넘어갈 것 같죠.

그렇다면, 처음에 이야기 했던 곤충은 어떨까요? 곤충은 비행할 때, 종에 따라서 초당 100회, 초당 1000회까지도 움직이기도 합니다. 쉬고 있을 때 보다 약 50배에서 150배 정도 에너지 소모량이 증가한다고 합니다. 인간이 숨이 넘어갈 것 같다고

곤충과 단순비교 하는 것은 무리가 있지만, 재미로 하자면, 곤충은 저보다 훨씬 힘든 일을 밥 먹듯이 합니다. 정말 수시로 날아다니죠. 인간인 나는 육체활동 없이 정적으로 쉬며 책 읽는 것조차 힘들어하죠. 하물며, 전력질주로 계단을 오르는 강도 높은 활동은 힘들다고 거의 하지 않죠. 곤충은 이것보다 훨씬 힘든 일을 거리낌 없이 밥 먹듯이 한다는 겁니다.

벌레보다 못한 놈 하는 것이 욕이 아닐 수 있죠. 최소 벌레는 힘들다고 안 날지는 않거든요. 힘들어도 납니다. 전력질주로 계단을 오르는 것보다 훨씬 힘들어도 합니다.

가끔, 힘든 일을 마주했을 때, 이 힘듦을 꼭 해내야 한다는 것을 잘 알지만, 마음이 약해질 때, 이 이야기를 떠올리면 유용할 겁니다.

저기 저 날파리 하루살이도 '본충' 입장에서는 힘든 일을, 다른 말로 노력을 정말 쉽게 하는데
인간인 나는 훨씬 더 잘 할 수 있다고 말입니다.

8. 생각 없이 살다보니 여기까지 왔습니다.

저는 생각을 한다면, 어떻게 하면 생각 없이 살 수 있을까를 생각하는 편입니다. 생각 없이 사는 것이 오히려 더 나은 결과를 낸다는 연구결과는 꽤 많은데요. 몇 가지만 소개를 해 드릴게요. 들어가기 앞서 반드시 명심해야 할 것은, 생각 없이 산다는 것은 대충 산다는 이야기가 아닙니다. 오히려 열심히 살지만, 생각만 많이 안 할 뿐 인겁니다. 또 열심히 살다보니 생각을 덜 하게 되는 것이기도 하고요.

먼저 일본 이와학연구소의 기무라 데쓰야 연구진의 성과입니다. 과거의 기억을 장시간 떠올리면 그 기억이 뇌에 저장될 때 '타우'라는 단백질이 축적되기 쉽다는 사실을 밝혀냈습니다. 정상적으로 활용될 경우에는 뉴런의 활동을 서포트 하지만, 뇌에 축적된 경우에는 알츠하이머 질환 발병의 핵심 요인으로 작용을 하죠. 기억장애를 유발합니다.

생각이 많아지면, 과거를 자꾸 떠올리게 되곤 하죠. 나이가 들수록 이 타우 단백질도 축적되는 양이 늘어난다는 사실이 알려져 있는데요. 추측하건데, 나이가 들수록 과거를 더 많이 회상하는 경향도 원인 중 하나가 아닐까 판단하고 있습니다.

이러한 이유로 생각에 깊이 잠기는 것은 그리 바람직하지 않고, 생각보단 행동을 하는 것이 더 이롭죠. 행동을 하면 기억을 잘 잊거든요. 운동에 빠지거나, 공부에 빠지거나 하다보면 어느 순간 고민거리를 잊은 적 있으시죠? 관련 연구결과야 많지만, 그냥 넘어갈게요.

다음으론 미국 펜실베니아주립대의 탐 보르코벡 연구진의 성과입니다. 이름이 어렵네요. 결론만 보자면, 걱정거리의 79%는 실제로 일어나지 않고, 16%의 사건은 미리 준비하면 대처할 수 있다. 나머지 5%의 확률의 사건이 내 힘으로 어찌할 수 없는 일들인 것이죠. 이 미래에 일어날 내가 어찌할 수 없는 천재지변같은 5%의 일들에 대한 걱정 때문에 내가 준비하면 처리할 수 있는 16%일들을 놓칠 수는 없죠. 나머지 79%일들은 생각할 필요도 없고요.

16%의 내가 컨트롤할 수 있는 일들은 하면 되는 일들입

니다. 운동이나 공부나 일 등 노력하는 것들이죠. 여기서 하버드대의 심리학자인 매튜 킬링스워스와 다니엘 길버트의 연구결과를 적용하면 됩니다.

결론은 행동과 생각을 일치시키면 행복해질 수 있다는 것입니다. 공간도형을 공부하면서 이 공간도형 문제를 어떻게 하면 풀 수 있을까를 생각하면 행복하고요. 어깨 운동을 하면서, 이 내 삼각근에 최대한 자극을 주며 수축 이완을 해야지 생각하며 운동하면 행복하다는 것이죠. 심신일치죠. 이 때 더 행복하다는 겁니다. 공부를 하면서 운동을 생각하거나, 운동을 하면서 공부를 생각한다면, 덜 행복하다는 사실을 밝혀냈습니다.

그러니까 따로 생각하지 말고 하는 일 집중하면 행복합니다. 과거 일 자꾸 떠올리면 타우 단백질 축적되니까 굳이 과거 회상, 반추할 필요 없습니다. 미래 일 자꾸 생각하면 걱정만 늡니다. 초조한 생각을 계속하면 초조함이 증폭된다는 연구결과도 있죠.

정답은 심신일치로 현재 하는 일에 집중하는 겁니다. 이게 행복입니다.

9. 의도적인 긍정이 필요한 이유

내가 신생아라면, 어떻게 해야 살아남을 수 있을까요? 일단 언어를 습득하지 않았으니 말을 하지 못하고, 신경, 근육들이 미성숙한 단계라 몸도 제대로 못 가누죠. 배고파도 음식을 알아서 구해먹을 수 없고요. 소변이 마려워도, 대변이 마려워도 어떻게 배변을 해야 하는지도 잘 모릅니다. 정말 총체적 난국입니다.

이때, 어떻게 하면 내가 원하는 바를 이룰 수 있을까요? 내가 방긋방긋 웃기만 한다면, 부모가 알아서 음식을 주고, 알아서 배변을 치워줄까요? 알아서 내가 원하는 것을 들어줄까요? 아니죠. 부모에게 스트레스를 줘야 합니다. 그래야 해결하려고 할 테니까요. 시끄럽게 울어야죠. 서럽게 정말 서럽게 울어야죠. 듣다 못한 부모가 드디어 필요한 게 무엇인지, 어떻게 하면 이 울음을 그치게 할 수 있을 것인지 여러 시도를 해볼 겁니다.

신생아는 아주 극단적으로 부정적인 표현 = 울음을 통해 생존할 수 있습니다.

태초부터 생존을 위해 긍정적일 필요보다 부정적일 필요가 있는 겁니다. 그래서 부정적인 사고를 가진 사람들이 주변에 더 많은 것이 사실이죠. 정말 낙천적인 사람, 긍정적인 사람 실제로는 드뭅니다. 조금만 이야기 해보아도 나름의 고충과 고민과 우울한 사고를 갖고 있음을 알 수 있죠.

우리 모두 신생아일 때야 부정적일 필요가 있었지만, 지금은 더 이상 그렇지 않죠. 오히려 긍정적인 마음을 가져야 할 필요가 있습니다. 공부하면 될 것 같은데? 하는 긍정적인 마음, 운동하면 몸 만들 것 같은데? 하는 긍정적인 마음, 이 일 내가 하면 성공할 것 같은데? 하는 긍정적인 마음이 결국은 행동과 실천을 만드니까요. 물론 실천 도중에 여러 부정적인 사고를 거쳐 잘 다듬을 필요가 있겠지만, 결국 시작은 긍정적인 마음이 필요합니다.

10. 불안한 미래를 불안해할 필요 없는 이유

왜 장기적인 목표를 이루려는 고차원 의지보다 단기적인 쾌락을 탐닉하려는 저차원 욕망에 무너질까요?

분명히, 장기적인 목표가 훨씬 더 이롭고 추구해야 할 이상적인 가치임을 인지하고 있는데도 왜 무너질까요?

이 장기적인 다이어트 성공하면, 보기에도 좋고, 자존감도 높아지고, 건강해지는 것 까지도 아는데도 왜 눈 앞에 보이는 떡, 빵, 라면, 치킨, 피자에 무너질까요?

인류가 진화해온 과정을 살펴보면, 알 수 있죠. 우리는 언제든 열량을 보충할 수 있는 환경에 있지 않았죠. 언제 또 사냥에 성공할 수 있을지 모르고, 언제 또 채집을 충분히 할 수 있을지 모르죠. 지금 배부르게 먹고 음식이 남았더라도, 곧 썩겠죠. 지금이야 냉장고가 있고, 식품을 대량생산 및 제조가공할 수 있어서 그런 걱정이 없지만요.

언제 굶어 죽을지 알 수 없는, 실제로 미래가 불안했던 시기를 오래 거치다 보니 미래보다는 현재에 더 높은 가치를 두는 습성이 남아 있는 것이죠.

현대 사회의 불안은 또 다른 차원의 불안입니다. 타인과의 비교를 통해 생기는 불안이 가장 크죠. 나는 비교하지 않는다고 생각하더라도, 어쩔 수 없이 접하게 되는 인터넷상의 연봉이 얼마네, 자동차가 외제차네, 집이 어디네 하는 게시글들이 있죠. 불편한 감정이 생깁니다. 결국은 불안을 유발하게 됩니다.

이러한 타인과의 비교를 통해 우리는 계속 불안에 노출되게 됩니다. 이 불안은 언제 굶어 죽을지 알 수 없어서 느끼던 불안과 유사한 역할을 하게 합니다. 더더욱 현재의 쾌락에 집중하게 만듭니다. 그러면서 결국은 장기적인 목표를 포기하게 되는 거죠. 쓸모없는 불안에 잠식되어 가능성을 잃는 일이죠.

이 습성을 빨리 벗어낸 사람들이 현대사회에서는 우위를 점하기 유리하고요. 당장의 쾌락보다 중요한 장기적인 노력을 요하는 목표를 이루는 것에 더 집중할 수 있습니다.

타인과의 비교로 불안해할 필요 없고, 식량 확보 걱정으로 인해 불안해 할 필요는 더더욱 없습니다. 안정된 마음으로 차근차근 먼 미래의 목표를 좇아도 아무 문제 없습니다. 괜찮습니다. 할 수 있습니다.

11. 나를 착각하고 있는 것은 아닐까?

키보드 워리어라고 아시죠? 왜 인터넷 상에서 특히 타인에게 훈계를 두거나, 타인을 질타를 하거나, 비하하거나 깔보는 행위를 하는 사람들이 많을까요?

그러니까 왜 이렇게 인터넷만 접속하게 되면 기세등등 자신만만해져서 타인을 쉽게 비난하거나 평가하는 사람들이 많아질까요?

한 연구에서 이러한 현상을 확인할 수 있는데요. 1차 질문으로 "윤년은 왜 있는가?" "달의 위상 변화가 생기는 이유는 무엇인가?" 2차 질문으로 "미국 남북전쟁 발발의 원인은 무엇인가?" "스위스 치즈에 구멍이 생기는 이유는 무엇인가?"를 제시했습니다. 실험 참가자들을 두 집단으로 나눕니다.

A집단에게는 1차 질문 때 인터넷 검색 사용을 하게 했고요. B집단에게는 인터넷 사용을 하지 못하게 했습니다.

2차 질문 때는 두 집단 모두 인터넷 사용이 금지 되었었죠.

1차 질문 때와 전혀 상관없는 2차 질문이기에, 그에 대한 답으로 "잘 안다" "잘 모른다" 어떤 대답을 했던 간에 비슷한 반응을 했을 것 이라고 추측했습니다. 그렇지만, 결과는 달랐습니다. 1차 질문과 전혀 상관없는 2차 질문임에도 불구하고, 1차 때 인터넷 검색을 활용했었던 집단이 더 많은 것을 알고 있다고 답했습니다. 검색해보지도 않은 문제에 대해서도 말이죠.

그러니까, 지식을 검색할 수 있다는 것만으로도 마치 지식을 알고 있다는 착각을 불러일으킨다는 것이죠.

착시와도 비슷합니다. 뮐러 리어 착시현상인데요. 두 선분의 길이는 같지만, 붙어있는 화살표 탓으로 아래쪽 선분의 길이가 더 길어 보이죠. 착시현상임을 인지하고서도 아래쪽 선분이 더 길어 보입니다.

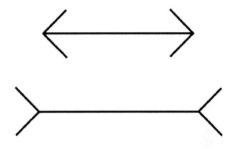

인터넷 검색을 이것저것 하다보면 실제로 알지 못하는 정보조차도, 알고 있다고 착각하는 것과 같죠. 그렇게 실제 실력과는 상관없이 잘못 형성된 과도한 자신감이 키보드 워리어를 만드는 것이죠.

안다고 생각하는 것과 할 수 있는 것은 정말 다릅니다. 다이어트 비포에프터 영상이나, 맛있는 요리 레시피를 보여주는 영상이나, 고음 파트가 있는 노래영상이나, 공부를 통해 시험에 합격한 수기들 영상후기들을 자주 보다보면, 정말 뇌 속에서는 할 수 있을 것 같다는 생각이 듭니다.

머릿속에서 음역대를 맞추어보며 노래를 하는 것을 상상해보죠. 잘됩니다. 노래방에 가서 불러보면 안됩니다. 마찬가지입니다. 자주 접하다보면 정말 쉬워 보이고, 잘 할 수 있을 것으로 착각하게 됩니다.

심지어, 평균이상효과까지 있죠. 그러니까 미국인의 몇퍼센트가 본인의 운전실력이 평균 이상이라고 생각했을까요? 93%입니다. 본인이 평균이상이라고 생각한 대다수가 사실은 평균이하인겁니다.

우리는 대부분의 일을 실제로 생각보다 더 못합니다. 이것을 정말 확인할 수 있는 방법은 직접 해보는 겁니다. 인터넷 속에서, 머릿속에서, 상상 속에서 하는 것이 아니라, 시험을 쳐서 점수를 확인하고, 거울 앞에 서서 내 배에 복근이 있는지, 뱃살이 두둑한지 확인하고, 양파를 제대로 썰 수 있는지, 불조절은 잘 할 수 있는지, 부엌에서 요리를 만들어서 맛을 확인하고, 동전노래방가서 노래를 직접 불러봐서 음역대를 확인하는 겁니다.

이런 식으로 진짜 실력을 확인해야만 합니다. 우리는 확률상으로 우리 생각보다 더 못할 가능성이 높기 때문에, 더 열심히 할 필요성이 있는 겁니다.

12. 역사에 만약은 없다지만

오늘을 어떻게 사는 것이 얼마나 중요한지 아는 사람이 열심히 삽니다.

역사에 만약은 없다지만,

문종이 요절하지 않고 오래 통치했었다면?
태종, 세종의 장영실 등용을 계기로 조선이 유교 이데올로기를 벗어나 과학기술에 가장 큰 중점을 두었더라면?
김구 김규식의 남북협상이 성공했다면?
김재규가 박정희를 쏘지 않았다면?

간혹, 이런 상상력을 발휘하고는 하죠. 정말 그랬다면, 대한민국의 현재의 모습은 정말 달랐겠죠?

인간은 미완성으로 태어나 세상과 상호작용하며 성장합니다. 비유하자면, 하얀 도화지로 태어나서 무엇이든 될 수 있는 것이죠. 엄밀히 말하자면 무에서 유가 되는 정도는 아니지만, '하얀 도화지 위'라는 정도의 틀은 있다는 이야기죠. 불완전한 상태로 태어나기 때문에 어떠한 경험을 하느냐에 따라 신경 회로의 발달이 결정이 됩니다.

태어났을 때, 우리의 뇌는 컴퓨타 타자기를 칠 것을 염두 해두지 않습니다. 균형을 잡으며 자전거 페달을 밟을 것을 염두 해두지 않습니다. 저로 이야기 하자면, 경혈점 및 트리거 포인트에 침을 놓는 행위를 염두 해두지 않습니다. 본래 프로그래밍이 되어 있지 않습니다.

그러니까, 사자 같은 경우에는 태어났을 때, 먹고, 울고, 자고, 물론 사냥 정도는 많은 학습을 필요로 하겠지만, 사자의 뇌가 염두해 둔 행동을 합니다. 프로그래밍이 되어 있는 부분이죠.

사람은 다르다는 것이죠. 사람도 기본 프로그래밍이 되어 있는 부분이 존재하지만, 어떤 경험을 하느냐에 따라서 타자기를 무의식적으로 자연스럽게 칠 수도 있고, 자전거를 잘 탈 수 있고, 침을 잘 놓을 수 있게 되는 것이죠.

내가 어떤 경험을 하느냐에 따라 내가 다른 사람이 될

수 있다는 이야기입니다. 아주 당연한 이야기지만, 정말 놀라운 이야기이기도 합니다.

십년 전, 내가 썼던 글, 일기, 메모 등을 살펴보면 마치 다른 사람이 쓴 것만 같죠. 실제로 다른 사람이 쓴 것만 같죠. 같은 사람이지만, 다른 뇌죠. 다른 경험을 가진, 다른 신경 회로를 가진 뇌죠. 그 십년 전에는 자전거를 아주 잘 타다가 지금은 타지 않는다면, 자전거와 관련된 신경회로는 그 당시가 더 발달되어 있겠죠. 현재라고 해서 과거보다 경험이 많기 때문에 더 뛰어나다는 것이 아닙니다. 십년이면 차이를 확인할 수 있지만, 하루면 어렵죠. 어제 쓴 글에서 괴리감을 느끼긴 어렵죠. 그렇지만, 내가 오늘 어떤 책을 읽고, 어떤 운동을 하고, 어떤 삶을 살아가느냐가 쌓이면서 신경 회로가 발달이 됩니다.

현재 어떤 경험을 하느냐는 너무 중요합니다. 이 부분에 대한 확신이 있는 사람이 열심히 삽니다. 공부를 열심히 했더니 어느 샌가 분야에서 유능해졌더라. 운동을 열심히 했더니 어느 샌가 몸이 좋더라.

만약, 내가 어렸을 때, 공부를 열심히 했더라면 어땠을까?

만약, 어릴 때부터, 운동을 접했더라면 어땠을까?
만약, 그 사람과 만나지 않았더라면 어땠을까?

인생에 만약도 없습니다. 지금 내가 어떤 경험을 하느냐에 따라, 어떤 사람이 되어가고 있느냐만 있습니다.

지금 가만히 누워 아무 것도 하고 있지 않는다면, 시간이 지나 생각하게 될 겁니다. 만약에 내가 그때 누워있지만은 않았더라면 어땠을까?

오늘을 어떻게 사는 것이 얼마나 중요한지 아는 사람이 열심히 삽니다.

13. 나의 든든한 조력자 고통

노력은 고통스럽고 힘듭니다. 그렇기 때문에 결국 포기하게 되는 경우가 많은데요. 과연 힘들지 않으면 더 잘할 수 있을까요?

2009년 위스콘신대학교에 재직 중이던 마르쿠스 아만은 이 궁금증에 관한 실험을 합니다. 실험지원자들의 척추에 신경차단제 성분인 펜타닐을 주입하여 다리의 통증을 못 느끼게 한 뒤 고정된 싸이클에서 5km를 최대한 빠른 속도로 달려 달라고 요청합니다.

실제로 참가자들은 아무리 세게 페달을 밟아도 통증을 느끼지 못했고, 모든 에너지를 다 태워 페달을 밟을 수 있었습니다. 실험이 끝날 무렵 그들은 싸이클에서 내려오지도 못할 정도로 지쳐있었습니다. 실제로 그 뒤 걸을 수 있는 사람이 한 명도 없었다고 합니다.

그렇다면 기록은 어땠을까요? 통증을 못 느끼게 하면 기록이 더 좋게 나왔을까요? 아니요. 실제로 그 반대의 결과가 나옵니다. 통증을 느끼며 페달을 밟았던 기록이 더 좋았습니다. 통증 덕분에 페이스 조절을 잘 할 수 있었던 것이죠.

'힘들어서 못하겠네.' 입버릇처럼 하는 사람들이 있습니다. 사실은 다릅니다. 힘들기 때문에 더 잘 할 수 있는 겁니다.

노력하는 일이 힘들고 고통스럽다면, 그로 인해 포기해야 할 것이 아니라, 그를 활용해 더 멀리 나아갈 수 있어야 할 것입니다.

고통과 힘듦, 통증은 결국 우리의 조력자이기도 하니까요.

14. 왜 내 인생은 이렇게 굴곡이 많을까?

나도 남들처럼 평탄하게 살아가고 싶다.

하고 한탄할 필요가 없습니다. 오히려 굴곡이 있기에 얻어지는 장점이 더 클 수 있습니다. 특별히 힘든 시기를 겪고 계시거나, 극복해가는 과정에 있으시다면, 이 이야기를 꼭 들어보시기 바랍니다.

2017년 영국 옥스퍼드브룩스대학교의 마틴 모리스와 토머스 오리어리의 실험입니다. 훈련을 한 실험인데요. 한 집단은 지속적인 평탄한 훈련을 받게 하고, 다른 한 집단은 간헐적으로 고통스러운 고난도 훈련을 받게 했습니다. 물론, 운동량의 총합은 비슷하게 설정을 했습니다. 두 집단 모두 최대산소섭취량과 젖산역치를 측정한 결과, 체력이 향상되었습니다.

그렇지만, 중대한 차이가 있었습니다. 간헐적으로 고통스러운 훈련을 했던 집단은 통증내성이 41%나 증가했지만, 평탄한 훈련을 지속했던 집단은 통증내성에 변화가 없었던 거죠.

또한, 전체적인 체력 향상 정도는 유사했지만, 탈진할 때까지 훈련하는 실험의 결과는 천차만별이었습니다. 고통을 겪은 집단이 훈련 전후를 대비했을 때 148% 더 오랜 시간 버텼고요. 평탄한 난이도 그룹은 겨우 38% 향상이 되었습니다.

체력향상의 정도는 거의 차이가 없음에도, 통증내성의 향상 정도, 탈진까지의 지속시간 (지구력) 향상 정도의 차이는 굉장히 컸죠.

삶도 마찬가지입니다. 열심히 살면, 성숙해지는 것은 마찬가지겠지만, 특별히 강한 고통을 겪게 되는 사건들이 있어야만, 더 단단해질 수 있겠죠. 더 강인해질 수 있겠죠.

고통을 겪어야 고통을 잘 견딜 수 있게 됩니다. 고통을 겪어야만 고통을 극복할 수 있습니다. 고통이 없다면 고통을 견딜 수 없게 됩니다. 고통을 겪지 않는다면, 고통을 극복할 수 없습니다.

특별히 힘든 사건이 생긴다면, 왜 내 인생에는 이런 일이...라며 한탄만 할 것이 아니라, 나를 더 강인하게 만들어 줄 훈련이라고 생각해보는 것도 좋을 일입니다.

15. 고통이 성장인 이유

우리는 웨이트트레이닝을 하며 근육통을 마주하게 되죠. 특히 새로 운동을 시작하는 분들은 열정가득 운동하고 난 뒤 극심한 근육통에 시달리죠. 젖산염 때문이라고들 알고 계시죠. 이 시기를 반드시 극복하고 꾸준히 실력을 쌓아야 하는 이유에 대해 이야기하도록 하겠습니다.

먼저, 캘리포니아대학교 버클리캠퍼스의 조지 브룩스 등의 한 과학자 집단의 연구결과를 소개하려고 합니다. 이들은 젖산염이 근육 내에서 다양한 역할을 수행하고, 강도 높은 훈련에 필요한 긴급 에너지 생성에 핵심 역할을 한다는 사실을 밝혔습니다. 통증을 유발한다고만 알고 있었던 이 젖산염이 사실은 우리가 운동을 계속할 수 있도록 근수축 때 연료 역할도 한다는 것이죠.

(실은 젖산염 자체로는 통증이 유발되지 않습니다. 2014년 마르쿠스 아만과 앨런 라이트를 필두로 한 유타 대학교 연구팀은 젖산염 단독으로는 근육 통증이 유발되지 않고, 젖산염과 양성자, 아데노신3인산 이 세 가지 물질

이 동시에 투여했을 때 통증이 유발된다는 것을 밝혀냈죠.)

그리고 실제로 운동을 더 잘할수록, 이 젖산염을 연료로 활용하는 능력도 높았습니다. 내가 실력이 뛰어나다면, 나를 고통스럽게 하는 그 근원을 나를 성장시키는 근원으로 더 잘 바꿀 수 있다는 겁니다.

그러니까 고통은 성장입니다.
내가 잘한다면, 내 고통이 곧 내 성장으로 이어지는 능률을 더 높일 수 있고요. 그럴수록 더더욱 고통은 성장으로 이어집니다.

잘합시다.

16. 스포츠 스타들

저는 스포츠 스타들을 참 좋아합니다. 다들 프로지만, 또 프로는 돈으로 이야기 한다는 말도 있지만, 실제로 그들은 그렇진 않습니다. 냉정하기보다도 열정적이기 때문이죠. 물론, 주급, 연봉 굉장히 중요하지만, 그 보다 더 중요한 것은 그들의 실력이자 경기력이죠.

경기가 잘 풀리지 않을 때, 불리할 때, 팀이 지고 있을 때, 내가 졌을 때, 좌절하는 그들의 표정을 보면 오히려 열정이 느껴집니다. 내 연봉이 깎일 위험성 때문에 나오는 그런 표정이 아닙니다. 더 잘하고 싶은데, 그러지 못해 마음 아파하는 표정입니다.

골을 넣었을 때, KO를 시켰을 때, 1등으로 피니시 라인을 넘었을 때, 환희에 찬 표정은 내 연봉이 오를 것을 기대하고 짓는 표정이 아닙니다. 단지, 경기를 잘 해서 좋은 표정일 뿐입니다. 그 순간은 그 이상도 그 이하도 아닙니다.

훈련을 할 때도 마찬가지입니다. 훈련 자체는 돈이 되지 않죠. 그럼에도 불구하고 훈련을 지속할 수 있는 힘은 해당 종목을 잘 하고 싶다는 선수들의 순수한 마음입니다. 돈 이외의 것을 가치로 삼고 목표로 삼고 추구한다는 뜻이죠. 돈만을 밝혀서는 훈련에 열중할 수 없습니다. 돈은 과정을 충실히 이행했을 때 생기는 결과물일 뿐이지, 목적이 아닙니다. 오히려 목적은 과정을 충실히 이행하는 것, 훈련을 잘 하는 것, 실력을 기르는 것이어야만 합니다. 모든 프로들은 돈 한 푼 되지 않던 시절에도, 오히려 돈을 많이 써가면서 훈련을 해왔었죠. 돈보다 위대한 가치를 목적으로 해야 한다는 이야기는 이 맥락에서 이해할 수 있습니다. 그랬기 때문에 결국 프로가 되었으니까요.

이러한 순수하게 잘하고 싶은 마음이 실력을 만듭니다. 높은 연봉에 대한 열망이 실력을 만들지 않는다는 이야기죠. 호날두 선수를 보면 이런 부분이 잘 드러납니다. 본인이 주목받지 못하면 서운해 하는 표정이 여실히 드러나죠. 이런저런 잘못된 행동으로 미움을 사고 있기는 하죠. 표현 방식은 잘못된 부분이 분명히 있지만, 축구를 잘하고 싶고, 최고로 인정받고 싶어 하는 그의 순수한 마음만큼은 별개로 존중받을 필요가 있습니다. 이러한 마음은 다른 모든 분야에 적용이 되어도 좋은 마음이니까요.

의사가 환자를 대할 때, 꼭 이 환자를 치료해주고 싶다는 마음이 있다면 환자 입장에서 얼마나 좋겠습니까.
요리사가 손님을 대접할 때, 꼭 이 손님에게 인생 최고의 식사를 대접하고 싶다는 마음이 있다면 손님 입장에서 얼마나 좋겠습니까.

순수하게 잘하고 싶다는 마음 없이 돈만 밝히면 문제가 됩니다. 진정한 프로들은 연봉을 많이 받기 때문이 아니라, 순수하게 잘하고 싶다는 마음이 더 강하기 때문에 프로입니다. 나도 내가 하는 업무에 있어서, 내 인생에 있어서 프로가 되는 것은 어떨까요?

어떤 일을 새로 시작할 단계에서는 도파민이 분비됩니다. 이것저것 알아보고, 어떻게 하면 잘 할 수 있을지 탐색하는 단계입니다. 새로운 분야 공부를 시작한다던가, 보디빌딩 시합을 준비한다던가, 다이어트를 시작한다던가, 어떤 도전을 할 때는 도파민이 분비가 됩니다. 분비된 도파민을 기반으로 정보를 열심히 찾아보고 자신감을 만듭니다. 아직 시작도 안했는데, 주변사람들에게 자신만만하게 외치는 사람들 떠오르시죠? 그 사람들의 상태라고 보시면 됩니다. 아직 얼마나 어려울지, 자신이 실제 알고있는 부분이 얼마나 적은지 모르기 때문에 자신감이 있는 겁니다. 목표를 생각만 하더라도 기쁘죠. 취업 성공, 사업 성공, 다이어트 성공이라는 목표는 생각만 해도 좋죠. 도파민이 샘솟습니다.

다음 단계로는 꾸준한 노력의 단계가 있습니다. 여기서 판가름이 납니다. 노력을 하다가 일종의 성과를 얻어가며, 과정 속에서 쾌감을 얻어가며 노력한다면, 베타 엔돌핀의 분비가 잘 이루어집니다. 힘든 노력을 더 잘 할 수 있게 되는 근원이죠. 고통과 스트레스를 경감시켜주는 베타 엔돌핀이니까요. 반면, 난관에 부딪히는 순간 마다 좌절감을 크게 느낀다면, 목표만을 너무 중시한 채, 과정에 있는 것 자체를 힘들어 한다면, 노르아드레날린의 분비가 잘 이루어지면서, 스트레스 호르몬인 코티솔 호르몬이 과다 분비되기 쉽습니다. 바로 노력을 포기하게 되는 근원이죠. 고통과 스트레스를 가중시키기 때문이죠. 의욕 자체가 떨어져 버립니다.

과정을 중요시해야 하는 이유가 여기 있습니다. 그렇게만 된다면 과정에서 이루어지는 성취에 기뻐할 수 있습니다. 과정은 중요하니까 기뻐할만한 가치가 있는 것이죠. 베타 엔돌핀의 분비를 돕고 결국 꾸준히 노력할 수 있는 근원은 이것이니까요. 만약, 과정을 중요시 여기지 않고, 결과만을 중요시 여긴다면, 과정은 결과를 얻지 못하는 순간들의 연속이 되어 버립니다. 코티솔 호르몬 수치의 상승을 유발하고, 결국 의욕이 저하되고, 고통과 스트레스를 더 심하게 느끼게 되기 때문에 포기하게 됩니다.

과정이 중요하다는 말은 진짜입니다. 과정을 중요시 해야 그 과정에서 성취감도 느끼고, 쾌감도 느끼며 꾸준한 노력을 할 수 있기 때문입니다. 결과도 중요합니다만, 결과를 너무 중요시 여기게 되어 과정을 하대하게 되면, 그 과정이 더 힘들어집니다. 별로 중요하지도 않은 과정에 너무 큰 노력을 한다는 느낌이 들기 때문이죠. 더 과도한 스트레스를 받게 될 것이고, 더 과도한 코티솔 호르몬 분비가 이루어지겠죠. 결국 실패합니다.

성공한 사람들이 꼭 하는 이야기 중, 과정을 중요시 여겨야 한다는 것은 정말입니다.

17. 한계는 사실 한계가 아닙니다.

저는 1.5km 오래달리기에 대한 애증의 감정이 좀 있는
데요. 보디빌딩을 하다 보니 지근 성장 보다는 속근 성
장 위주의 훈련을 많이 했죠. 그러다보니 지구력을 요구
하는 오래달리기에 부적합한 몸 상태를 갖고 있었지만,
상황 상 오래달리기를 잘해야만 했을 때가 있었습니다.
그러다보니 잘하고 싶은 마음은 큰데, 꼭 이 종목을 해
야 하나 다른 종목을 더 잘할 수 있는데 하는 마음도 있
었죠. 근손실 걱정도 되었고요.

거의 한계에 이르게 뛰고 나면 꼭 드는 생각이 '아, 더
잘할 수 있었을 것 같다'였습니다. 물론, 중도 포기한 적
은 없지만, 그래도 더 잘 할 수 있었다는 생각이 남는
거죠.

훈련소에서도 오래달리기를 하는데, 절반 정도 뛰다보면
대다수가 걷고 있더라고요. 정말 그들은 그들의 한계에
부딪혀서 뛰기를 포기했을까요? 절대 그렇지 않습니다.

오래달리기를 하다보면 정말 못 뛰겠다 포기하고 싶다는 생각이 드는 순간이 오긴 옵니다. 폐가 찢어질 것 같은 느낌, 심장이 터질 것 같은 느낌, 팔 다리가 마비되는 느낌. 통증이 점점 크게 느껴지죠. 걷기만 걸으면 너무 편안하고 행복할 것 같은 기대감도 커지고요. 한계에 도달했다고 느껴지죠.

이는 생물학적으로 사실이 아닙니다. 우리가 한계라고 느끼는 순간에도 심부 체온은 여전히 정상 범주고요. 근육에도 충분한 산소와 에너지가 있습니다. 유산소 시스템의 작용으로 인해 생긴 부산물 수치도 적정 수준에 있습니다. 한계라고 판단할 수 있었던 근거는 바로 뇌의 작용이죠. 1.5km 달리기가 끝나고 난 뒤에 더 달릴 수 있었는데 하는 제 생각은 맞았습니다. 단지, 그 피로와 통증에 익숙하지 못했고, 그래서 놀랐을 뿐이었던 거죠. 생물학적으로 저는 더 달릴 수 있는 것이 맞습니다.

오래달리기뿐만 아니라, 지금 내가 열중하는 업무도 매 순간 나는 더 잘 할 수 있다는 마음으로 힘내 봅시다.

18. 고작, 그런 이유 때문에 내 노력이 적게 발휘 된다
    면

2003년에 나온 기사에 따르면, 오스트리아 장기기증률은
거의 100%이지만, 독일은 12%이고 스웨덴은 86%이지
만, 덴마크는 겨우 4%였습니다.

이러한 극렬한 차이의 이유는 뭐였을까요?

기증률이 높은 국가는 장기기증을 하고 싶지 않을 때,
거부 표시란에 체크를 해야 했고,
기증률이 낮은 국가는 장기기증을 하고 싶을 때, 동의
표시란에 체크를 해야 했습니다.

고작 장기기증 거부를 체크하게 하냐 승낙을 체크하게
하냐에 따라 장기기증률이 이렇게 달라질 수 있다는 사
실이 놀랍습니다.

거부 체크란을 만들면 기본 옵션은 승낙이고
승낙 체크란을 만들면 기본 옵션은 거부입니다.

기본 옵션의 영향력이 큼을 확인할 수 있습니다.

우리의 삶도 그렇습니다. 기본 옵션을 나태함으로 둔다면, 노력을 해야 할 때마다 노력 표시란에 체크를 하고 노력을 해야 합니다.

반대로 기본 옵션을 노력, 성실성으로 둔다면, 반대로 쉴 때 마다 휴식 체크란에 체크를 하고 쉬어야 합니다.

이 역시 기본 옵션의 영향력이 클 수밖에 없습니다.

나태함이 디폴트값 기본 옵션인 사람은 나태하기가 쉽고 노력이 디폴트값 기본 옵션인 사람은 노력하기가 쉽습니다.

노력하기가 쉬운 삶을 살아보는 것은 어떨까요?

19. 특별해 보이는 사람이라도 별 다를 게 없다.

여왕벌의 유충은 다른 일벌의 유충과는 다른 물질을 먹게 됩니다. 일명 로열젤리라고 하죠. 한 때, 건강기능식품으로 유행했었는데요. 기적에 가까운 항노화, 항산화효과가 있다는 식으로 홍보가 되었었죠.

그렇게 생각할 법 합니다. 같은 유충인데, 로열젤리의 섭취 여부에 따라 누구는 여왕벌이 되고, 누구는 일벌이되는 것처럼 보였으니까요. 지금은 사실이 아닌 것으로밝혀졌습니다. 실험 연구 결과, 풍족하게 먹이기만 하면일벌유충도 여왕벌이 될 수 있었습니다. 특별한 먹이를먹어서 여왕벌이 된 것이 아니었죠. 질적인 차이가 아니라 단지 양적인 차이였을 뿐입니다.

스포츠 선수들을 보면 간혹 질적으로 다른 것처럼 보이는 특별한 선수들이 있습니다. 급이 다른 선수죠. 코비브라이언트가 대표적으로 떠오르는데요. 그의 노력에 관한 일화는 정말 대단하죠. 노력의 양이 다른 선수들과는비교가 안 될 정도였습니다. 여기서 알게 모르게 위안을 느낄 수 있었습니다.

'노력의 양이 질적인 차이를 만들구나!' 하고 말이죠.

살다보면, 여러모로 벽에 부딪힐 때가 많죠. 타인과의 비교를 통해 스스로의 한계를 설정하게 됩니다. 저 사람은 정말 나랑은 급이 다른 것 같다. 질적으로 차이가 있는 것 같다. 극복하기 어려울 것만 같다. 하며 나 스스로를 포기하게 될 때가 있습니다.

이럴 필요가 없다는 것을 알려줍니다. 같은 사람이고, 같은 급이고, 단지 차이는 노력과 연습의 양의 차이일 뿐이라고 다짐해야 합니다. 남보다 조금 더 노력해야 할 수도 있겠지만, 결국 그것은 극복할 수 있는 양적인 차이일 뿐이지, 질적인 차이가 아니라는 것이죠.

특별한 먹이, 물질을 섭취해야만 될 수 있는 줄 알았던 여왕벌은 결국 먹이의 양의 문제였습니다. 일벌의 유충도 양만 충분하다면 여왕벌이 될 수 있죠.

지금 내게 필요한 것은 로열젤리 같은 신비한 물질이 아닙니다. 어쩌면 아주 평범하고 단순한 일상속의 노력일지 모릅니다. 오늘 하루도 힘내봅시다.

20. 희망이라고 다 같은 희망이 아니다.

희망은 크게 두 가지 종류로 나뉩니다. 하나는 좋은 희망이고, 또 다른 하나는 나쁜 희망입니다. 희망은 언제나 좋은 방향으로 작용하지 않습니다.

시험을 앞두고 너무 피곤할 때, 그냥 자도 괜찮을 것 같은 느낌이 드는 것은 나쁜 희망이죠. 보디빌딩 시합을 앞두고 초코파이 하나쯤은 먹어도 괜찮을 것 같은 느낌은 나쁜 희망이죠.
그냥 그래도 괜찮겠지. 별 일 있겠나. 하는 마음은 나쁜 희망입니다.

좋은 희망은 다릅니다.
시험을 앞두고 너무 피곤하더라도, 내가 지금 참고 열심히 하면 좋은 결과가 있을 것 같은 느낌이 드는 것은 좋은 희망이죠.
보디빌딩 시합을 앞두고 초코파이가 너무 먹고 싶을 때, 이것만 참고 넘기면 더 나은 결과를 얻을 것 같은 느낌이 드는 것은 좋은 희망이죠.

노력을 포기해도 괜찮을 것 같다는 희망이 나쁜 희망이
고요.
노력을 더 지속하면 괜찮을 것 같다는 희망이 좋은 희망
입니다.

안 해도 될 것 같은데? 가 아니라
하면 될 것 같다! 로 살아 봅시다.

21. 하루살이는 하루만 사는가.

하루살이 하면, 수명이 굉장히 짧은 걸로 알고 계시죠?
하루 정도 살다가 죽어버리는 날아다니는 벌레 말입니다.
사실은 하루 ·이틀 정도 사는 것이 대부분이긴 하지만,
이주 정도 살아 있는 종도 있습니다.

그리고 엄밀히 말하자면, 이 생명체의 수명은 그리 짧지
않습니다. 잠자리나 모기처럼 수생유충으로 시작합니다.
연이어 탈피를 하면서 더 큰 유충으로 성장하게 되는데
요. 그러다가 마침내 성충이 되어 물 밖으로 나옵니다.
이 유충 시기는 3개월에서 3년 정도가 됩니다. 꽤 긴 편
입니다. 길면 3년까지도 사는 것이죠. 그런데 성충이 되
면 평균 하루 이틀 정도 살다가 죽어버립니다.

미성숙한 유충일 때는 여러 번 탈피를 할 수 있습니다.
이렇게 여러 번 성장하면서 길면 3년까지 살아갈 수 있
는 것이죠. 반면, 성충이 되면 이 탈피가 완전히 끝나버
립니다. 성장할 기회가 없죠. 또 다른 말로 노화와 퇴화
만이 남아 있습니다. 성장이 끝남과 동시에 쇠퇴합니다.

물론 번식이라는 종의 입장에서는 중대한 사안이 남아있습니다만, 그 벌레 개체 하나만 보면 그렇다는 이야기입니다.

너무 재밌지 않나요? 저는 드는 생각이, '아 끊임없이 성장해야겠다. 더 나아질 수 있음을 포기해서는 안 되겠다.'였습니다.

여기까지가 끝인가 보다. 내 한계인가보다. 하고 탈피를 멈추는 순간, 성장을 멈추는 순간이 나의 쇠퇴의 길임을 인지하게 되었습니다.

그러면서 동시에, 만학도의 마음을 조금이나마 이해할 수 있는 실마리를 얻었죠. 그 연세에도 불구하고 공부하고 노력하는 것은 어쩌면 삶을 사랑하는 마음이겠구나 하고 말이죠.

간혹, 약한 마음이 들 때면, 이 이야기를 떠올리시면 좋겠습니다. 내가 완성되었다고, 끝났다고 생각하지 않는 한, 또 노력하고 성장하는 한, 약해지지 않는다고 말이죠.

문득, 미생이라는 드라마가 생각이 납니다.

22. 좋은 글이란

좋은 글은 주제가 명료합니다. 포괄적인 문제의식은 기저에 깔려 있고요. 예를 들자면 이런 거죠.

문제의식 : 환경오염이 심각하다.
주제 : 일회용 컵 사용을 줄이고, 재활용할 수 있는 개인용 텀블러나 컵을 사용하자.

문제의식에서 출발해서 확실히 실천해야 할 일을 주제로 삼아 제시합니다.

나쁜 글은 주제가 명료하지 않습니다. 문제의식에 사로잡혀 우왕좌왕 합니다. 예를 들어, 위와 같은 문제의식에서 출발했다고 하더라도

주제가 일회용 컵 사용을 줄여야 한다. 그러기 위해서는 일회용 컵을 제작하는 공장에 대한 제제를 가해야 한다. 공장에서 버리는 폐수 때문에 수질오염이 심각하여 생태계가 파괴되고 있다. 대기오염이 심각하여 폐기관지 질

환이 급증하고 있다. 그러므로 대기 오염의 근원인 자동차 배기 가스 배출 문제를 해결하기 위한 기술의 개발 지원이 필요하다.

같은 식으로 중구난방인 경우가 많습니다. 문제의식에 사로잡혀 제대로 된 주제를 도출하지 못한 글입니다. 결국 이렇게 명료한 주제가 없다면, 아무런 영향도 주지 못합니다.

글뿐만이 아니라 내 삶도 그렇습니다.

좋은 삶을 살기 위해 인간은 기본적으로 자신의 가치관에 걸맞은 문제의식을 갖고 있습니다. 저로 예를 들자면,

문제의식 : 더 나은 사람이 될 필요성이 있다.
주제 : 진심으로 진료보기, 생각을 정리하기 위해 하루에 한 편 글쓰기, 체력을 관리를 위해 운동하기, 견문을 넓힐 독서하기.

가치관에 맞게 잘 설정된 문제의식과 명확하게 실천 가능한 주제입니다.

나쁜 삶은 대체로 이렇습니다.

먼저, 문제의식 자체가 명확하지 않은 경우입니다.

문제의식 : 더 나은 사람이 되고 싶지만, 힘든 일은 하기 싫다. 인기가 많은 사람이 되고 싶지만, 비난은 듣고 싶지 않다. 거의 노력하지 않고도 대부분의 가치를 누려보고 싶다.

이런 경우는 주제가 생길 수 가 없습니다. 열심히 노력하여 더 나은 사람이 되고 싶지만, 열심히 노력하지 않고도 가치를 누리고 싶기도 하다면, 오류가 생긴 겁니다. 에러 상태죠. 아무 것도 할 수 없게 됩니다. 무언가를 열심히 하다보면, 아 열심히 안하고도 가치를 누리고 싶다는 생각이 들 것이고, 나태하게 있다 보면, 열심히 노력하는 더 나은 사람이 되고 싶다는 생각이 들 것입니다. 문제의식 자체에 모순이 있는 거죠.

분명히 받아들여야 할 기본적인 사실은 모든 가치는 고통이 수반된다는 겁니다. 노력을 해서 더 나은 사람이 되어야 한다는 것이죠.

한 가지 추가 조건을 달자면,

문제의식 : 불공평함에도 불구하고 나는 노력하여, 더 나은 사람이 될 필요성이 있다.

불공평함에도 불구하고 라는 문구를 넣은 이유는, 남보다 노력하더라도 덜 진보할 수도 있습니다. 스스로 노력하더라도 퇴보할 수도 있고요. 이렇게 불공평할 수 있음에도 불구하고 유일한 희망이 노력하는 것이기 때문입니다. 어찌 됐든 노력하는 것 보다 더 희망적인 일은 없으니까요. 그리고 그 노력을 가능하게 하는 것은 불공평함에 굴하지 않는 자세거든요. 불공평함을 견디지 못한다면, 내가 남보다 노력했음에도 더 낮은 평가를 받으면 견딜 수 없어 포기하고요. 노력했음에도 실패한다면 견딜 수 없어 포기합니다.

남들은 놀아도 성공할 수 있고요. 나는 피땀 흘려도 실패할 수 있음을 이해해야 흔들리지 않고 꾸준히 노력할 수 있습니다.

여기까지 오셨다면 주제설정이 중요합니다.

주제가 중구난방이 된다면 더 나은 사람이 되려고 하지만, 결국 실속은 없게 됩니다.

운동을 한다고 하더라도, 웨이트를 했다가, 축구를 했다가, 달리기를 했다가, 클라이밍을 했다가,
공부를 할 때도, 이것 조금, 저것 조금 하다가, 다시 포기하고 다른 공부가 더 쉬울 것 같고, 더 비전이 있어 보이고, 그런 거죠.

무엇하나 제대로 할 수 없는 사람이 됩니다.

명료하게 할 필요가 있습니다. 어떤 운동이든 어떤 공부든 어떤 노력이든 가치가 있으니 명료하게 설정하고 집중할 필요가 있습니다.

우리가 더 고민해야 할 부분은 어떤 운동을, 어떤 공부를 할 것인가가 아니라,
특정 공부를 통해, 특정 운동을 통해 어떤 이상을 실현시킬 것인가. 어떻게 더 잘 활용하여 도움이 될 것인가입니다.

23. 변명있는 삶이 아니라 이유있는 삶을 살자.

긍정적인 곳, 발전적인 곳에 쓰이면 이유이고
부정적인 곳, 쇠퇴하는 곳에 쓰이면 변명입니다.
간단합니다.

때문에가 붙는다고 해서 이유가 되지 않습니다. 결국 어떤 행동을 했는지 하는지 할지를 봐야 합니다. 일부 학생들은 공부를 열심히 합니다. 더 나은 곳으로 가고 싶기 때문이죠. 이건 이유입니다.

또 일부학생들은 공부를 안 합니다. 몸이 아주 피곤하기 때문에, 정신집중이 오늘 따라 잘되지 않기 때문에. 이게 변명입니다.

이유는 옳고 변명은 그릅니다.

살인자들은 '왜 살인을 저질렀습니까?'라는 질문에 대한 대답으로 '화를 참을 수 없었기 때문입니다' 라고 말합니다. 이 대답이 기가 찬 것은 이유를 물었는데 변명을 했

기 때문이죠. 물론 애초에 잘못된 행동에는 정당한 이유
가 있을 수가 없죠.

스포츠 스타들에게 승리의 요인이 무엇인지 물어보면,
열심히 연습하고 준비했기 때문이라고 합니다. 고개가
끄덕여진다면 이유입니다. 팀워크가 좋았기 때문이라고
해도 고개가 끄덕여 집니다. 올바른 행동은 이유를 정당
하게 만듭니다.

나는 지금 어떤 이유로 혹은 어떤 변명으로 무언가를 하
고 있거나 무언가를 하고 있지 않나요?

나태함을 극복하고 공부하고 운동하고 노력한다면 내 삶
에는 좀 더 많은 정당한 이유들이 생겨날 겁니다.

24. 편안해지기란 원래 쉽지 않다.

force 힘
fortitude 불굴의 용기
enforce 시행하다
reinforce 강화하다
effort 노력

comfort 안락

모두 같은 어원을 공유합니다. for이 같은 for입니다. 왕
들이 사는 성(bour)할 때 그 어원인데요.

이 for을 어원으로 갖고 있는 몇몇의 단어들을 보면

힘, 불굴의 용기, 시행하다, 강화하다, 노력 그리고 안락
입니다. 한 가지 느낌이 다른 단어를 보자면, comfort
안락이 되겠습니다. 다른 단어들은 치열한 전사의 느낌
이라면, comfort는 혼자서 태평하게 당위성 없는 혜택
을 누리는 느낌입니다.

comfort는 모든(com) 힘이 다 갖추었다고 하여 안락, 편안한 상태를 뜻하게 됩니다. 과거 사람들의 사고방식을 엿볼 수 있는 부분이라 참 재밌습니다.

편안한 상태란 모든 힘이 다 갖추어진 것이라는 사고죠. 다른 말로, 편안하기란 어렵다는 겁니다. 모든 힘이 다 갖추어지기가 쉽지 않잖아요. 여기서 오히려 위안을 얻을 수 있습니다. 안락이란 것은 본래 얻기 어려운 가치구나 하고 말이죠.

노력 없는 안락이란 없다는 겁니다.

우리가 원하는 이 편안한 상태에 이르기 위해서 필요한 건 무엇인가 한 번 어원으로 살펴봅시다. 갑자기 드라마 나의 아저씨의 마지막 대사가 떠오릅니다. 지안. 편안함에 이르렀는가? 하는 대사였는데요. 무튼, 그 편안함에 이르기 위해서 필요한 것들을 살펴봅시다.

힘 force와 어울리는 삶을 대하는 태도, 자세는 fortitude 불굴의 용기이고요. 이러한 힘을 실제로 불어넣는 것은 in=en enforce 시행하다 고요. re=계속

reinforce 그것을 재차 반복하는 것은 강화하다 고요.
이 힘을 외부로 내놓는 것은 e=ex effort 노력입니다.

불굴의 용기로 시행하고 또 시행하여 강화하는 노력이
있어야 합니다.

안락, 편안한 상태에 이르기 위해서는 역설적으로 힘들
어도 다시 일어서는 힘이 필요합니다.
힘듦을 극복하고 있다면, 불굴의 용기로 노력하고 있다
면, 시행, 또 시행하며 스스로를 강화하고 있다면, 잘하
고 있는 것이 맞습니다.

25. 불리함에 불리해지지 않는 것 그것이 핵심입니다.

인물 공부는 참 재밌습니다. 위인전도 재미가 있고, 다양한 분야의 학자들의 이야기도 재미가 있고, 성공한 사업가들의 이야기도 재미가 있고, 스포츠 스타들의 이야기도 재미가 있습니다. 이러한 인물들의 이야기가 재밌는 이유는 뭘까요?

자연스럽지 않기 때문입니다.

이게 무슨 말이냐 하면, 비유하자면, 더울 때는 땀이 나는 것이 자연스럽고요. 추울 때는 떠는 것이 자연스럽죠. 시련을 마주했을 때, 좌절에 무너지는 것은 자연스럽죠. 성공을 마주했을 때, 환희에 가득 차는 것은 자연스럽죠. 고통을 받으면 위축되고 약해지는 것은 자연스럽습니다.

이렇게 자연스러운 것은 재미가 없습니다.

재밌는 이야기는

맞고 자랄 정도로 약했으나 격투기 챔피언이 되었다는 이야기 조르주 생 피에르

빚에 시달릴 정도로 가난했으나 억만장자 사업가가 될 수 있었다는 이야기 쉐인 스노우

12척의 함대로 수적 열세에 있었으나 133척 (혹은 330척)의 일본 함대와의 전투에서 승리를 거둔 이야기 이순신

체중도 비교적 적고, 도핑도 하지 않은 상태로 체중도 더 많이 나가면서 도핑 약물까지 한 선수들을 기록으로 압도한 후 올림픽 금메달을 딴 장미란

등등 나열하자면 너무너무 많습니다.

공통점은 모두 자연스럽지 않습니다.

강한 사람이 챔피언이 되고
풍부한 자본을 가진 사람이 부자가 되고
막강한 군사력을 가진 사람이 승리한 장군이 되고
체급도 높고, 도핑까지 한 사람이 높은 기록의 선수가

되고

당연하고 재미없습니다.

맞고 자랄 정도로 약한 사람이
빚에 시달릴 정도로 가난한 사람이
압도적으로 수적 열세에 있는 사람이
체중과 생화학적으로 열세에 있는 사람이
해내는 것이 재밌습니다.

꼭 해낸 사람들의 특징은, 불리한 조건을 인과관계로 만
든다는 겁니다.

가난했기 때문에, 덕분에 성공할 수 있었다.
약했기 때문에, 덕분에 강해질 수 있었다.

이런 식으로 말도 안 되지만, 말이 되게 만드는 삶을 살
아갑니다.

똑같은 불리한 조건을 주더라도, 누군가는 그것을 꼭 승
리할 수밖에 없는 원인으로 만드는 겁니다.

불리한 조건을 주면 불리해지는 것이 맞죠. 더 못해야 하고, 더 약해야 하고, 더 힘들어야 합니다.

그러나 일부 사람들은 불리한 조건을 주면 오히려 더 잘하게 됩니다. 그 불리함을 성공의 원인으로 만들어 버리죠. 이러한 사람들의 이야기는 재밌습니다.

나라는 사람은 재밌을까요? 세상 어느 누군가는 나를 한번 알아볼, 공부해볼만한 가치가 있다고 생각을 할까요?

그렇다면, 나는 어떤 불리한 조건을 성공의 원인으로 만들고 있나요?

불리함에 불리해지지 않는 것 그것이 핵심입니다.

26. 나는 나 자신을 긍정적으로 평가하나요? 부정적으로 평가하나요?

슬로빅의 '감정 어림짐작' 이라는 개념에 대해 이야기해 보려고 합니다. 간단히 말해 사람들은 감정에 의지해 판단과 결정을 내린다는 것입니다. 이성이 아니라 감정이요.

장점과 단점은 각각 존재하죠. 새로운 장점이 더 생긴다고 해서, 기존의 단점이 줄어들진 않고, 새로운 단점이 생긴다고 해서 기존의 장점이 줄어들진 않죠.

슬로빅 팀의 한 연구를 소개하겠습니다. 수돗물 불소 첨가, 화학공장, 자동차 등 다양한 기술 분야에 관한 의견을 묻는 설문조사를 시행했습니다. 응답자들에게 각 기술의 장점과 단점을 모두 나열해보라고 했습니다.

여기서 재밌는 일이 일어납니다. 해당 기술을 좋게 평가한 응답자들은, 그 기술이 장점은 많고, 단점은 적다고 평가했고, 해당 기술을 나쁘게 평가한 응답자들은, 그 기술이 단점은 많고, 장점은 적다고 평가했습니다.

여기서 더 재밌는 일이 일어납니다. 독립적이어야 할 장점, 단점이 그렇지 않음이 밝혀집니다. 해당 기술의 새로운 장점에 대해 기술한 글을 읽은 응답자들은 그 기술의 장점을 더 많게 인식했을 뿐 아니라 단점까지 더 적게 인식했습니다. 장점에 대한 글일 뿐인데, 단점까지 줄여버린 것이죠. 그 글 어디에도 단점의 영향이 약화될 근거가 없었는데도 말이죠.

또, 단점이 미미하다는 글을 읽은 응답자들은 그 기술의 단점의 영향이 약하다는 인식에 더해 장점이 더 크다는 인식까지 생겨난 겁니다. 장점에 대한 지식과 가치는 여전한데도 더 좋게 보게 된 것이죠.

장점을 강화시키다보니, 단점이 약화되었고요.
단점을 약화시키다보니, 장점이 강화가 되었습니다.

반대로도 작용할 수 있겠죠?

장점을 약화시키다보니, 단점이 강화되기도,
단점을 강화시키다보니, 장점이 약화되기도 할 겁니다.

우리는 우리 스스로를 어떻게 보려고 해야 할까요?

더 좋게 보려고 할 필요가 있습니다. 우리는 생각보다 장점이 많은, 괜찮은 사람입니다. 훌륭합니다. 더 많은 일을, 더 좋은 일을 해낼 수 있습니다. 또, 기존 우리가 갖고 있던 단점들, 문제들 별거 아닙니다. 극복할 수 있습니다.

내가 나를 어떻게 판단하느냐에 따라 어떠한 행동을 할지가 결정이 됩니다. 우리는 반드시 우리를 더 나은 사람으로 판단해야만 합니다.

27. 점화효과

성공을 상상하고, 긍정적인 생각을 해야 하는 이유는 명확합니다. 제 이야기를 끝까지 들어주신다면, 기분 좋은 생각으로 하루를 시작하실 수 있으실 겁니다.

점화효과란 설명하자면 이렇습니다.

금방 '먹다'라는 단어를 본 사람은 삼으로 시작하는 단어! 라고 하면 순간적으로 '삼겹살'을 떠올리기가 비교적 쉬울 것이고요. '휴대폰'이라는 단어를 본 사람은 '삼성전자'를 떠올리기가 비교적 쉬울 겁니다.

한 개념이 또 다른 개념의 연상을 촉발시키는 것이죠. 이러한 점화효과는 먹다와 삼겹살, 휴대폰과 삼성전자처럼 개념과 단어에만 국한되지 않습니다. 내가 의식하지 못하고, 인지하지 못해도, 나의 행동과 감정을 촉발하고 유도할 수 있습니다.

내가 의식하지 못해도, 나의 행동과 감정에 큰 영향을

준다는 겁니다. 정말 신기하고 놀랍지 않나요?

심리학자 존 바그의 실험입니다. 다섯 개의 단어를 주고 그 중 네 단어를 뽑아 문장을 만들라고 합니다. 예를 들어, 먹다, 그녀, 햄버거, 빠르게, 오늘 이렇게요. 여러 번 여러 단어들로 시행합니다. 이러한 문제를 풀고는 조금 걸어서 이동 후 다른 실험을 해야 했습니다. 그러면서 중간 중간에 '노인'을 연상시킬 수 있는 단어들을 넣어둡니다. '대머리' '회색' '주름' '굽은 등' 같은 단어죠.

이러한 노인과 관련된 단어로 문장을 만든 피실험자들은 그렇지 않은 피실험자들보다 느린 걸음으로 이동을 했습니다.

피실험자들은 인식하지 못했지만, 노인과 관련된 단어를 택한 것만으로도 노인처럼 늦게 걷게 무의식적으로 행동한 겁니다.

반대로, 노인처럼 느리게 걷게 행동하게 한 후, 여러 단어들과 노인과 관련된 단어를 함께 제시했을 때, 노인과 관련된 단어를 빨리 알아보았습니다.

노인을 생각하도록 점화되었다면, 노인처럼 행동했고요.
노인처럼 행동하게 했더니, 노인을 생각하도록 점화되었
죠.

제가 이때까지 사용한 노인이라는 단어를 성공이라는 단
어로 바꾸어 봅시다.
무슨 일이 벌어질 것 같나요?

내 생각이 성공에 포커스가 맞추어져 있다면, 성공과 관
련된 행동을 할 것이고요. 성공과 관련된 행동을 하다보
면 성공에 더 포커스를 맞추겠죠.

또 유사한 실험입니다. 입을 웃는 모양을 유지하게 한
피실험 집단과 인상을 찌푸리게 한 집단에게 개그프로를
보여줍니다. 어느 집단이 이 프로를 더 재밌다고 평가했
을까요? 당연하죠. 입을 웃는 모양으로 유지하게 한 집
단입니다. 이러한 사소한 표정도 무의식적으로 생각과
감정, 판단에 영향을 미칩니다. 웃기면 웃게 되죠. 웃고
있으면 웃기게 느낍니다.

내가 인지하지 못한 몸짓과 표정, 행동도 나에게 영향을
줍니다.

'어깨 쫙 피고, 고개 들고, 떳떳하게 걸어라!' 는 잔소리가 잔소리가 아닌 겁니다.

방을 정리정돈 하고, 외모를 단정하게 하고, 긍정적인 마인드를 가지고, 루틴으로 운동을 하는 것은 내가 더 나은 행동을 하게 만드는 점화장치입니다. 이러한 사소한 행동 하나하나가 무의식적으로 내가 어떤 생각을 하게 하는지 영향을 주고요. 어떠한 생각을 하는지가 어떻게 행동할지 영향을 줍니다.

우리는 기분 좋게 긍정적으로 하루를 시작할 필요가 있습니다.

28. '나'의 의미는 언제 바뀔까?

벌레라는 단어는 우리가 떠올리는 그 벌레를 뜻하는 단어죠. 이 벌레라는 단어가 나중에 시간이 흘러 용을 뜻하는 단어로 바뀔 수 있을까요? 거꾸로 용을 뜻하는 용이라는 단어가 벌레라는 뜻으로 바뀔 수 있을까요?

시간이 흐름에 따라, 의미가 바뀌는 것들이 많습니다. 항상 현재를 살아가다보니 무언가에 고정적인 가치를 지닌 것처럼 생각하기 쉬운데, 이러한 생각은 우리 존재의 의미도 잘 변하지 않고 고정적인 가치, 의미를 지닌다고 생각하기 쉽게 이어질 수 있기 때문에 주의해야 합니다.

랍스터는 비싼 식재료죠. 고급 요리에 등장하죠. 이 비싼 가격의 랍스터는 1800년대 내내 가난한 사람들과 보호 시설에 있는 사람들만 먹는 하급 음식이었습니다. 지금은 어떤가요? 고급 레스토랑에서나 만나볼 수 있죠. 하급 음식에서 고급 음식으로 변했죠.

worm 이라는 단어도 참 재밌습니다. 용에서 뱀으로 뱀에서 벌레로 의미가 바뀌었죠.

나 자신의 의미, 가치도 마찬가지입니다. 변하지 않을 것
만 같은 지금 상태도 과거를 돌이켜보면 참 많이 바뀌었
죠. 어릴 때는 worm 용이었다가 지금은 worm 벌레로
의미가 바뀌었을 수도 있겠지만, 앞으로는 현재에는 하
급 음식인 랍스터였다가 시간이 지나며 고급 음식인 랍
스터로 바뀔 수도 있겠죠.

나도 마찬가지입니다. 더 나아질 수도 있고요. 더 나빠질
수도 있습니다.
무엇보다 중요한 것은 나는 바뀔 수 있는 존재라는 것을
인식하는 일입니다.

고대 그리스에서 죄수를 사형할 때 썼던 사약에는 독당
근이 들어갑니다. 신기하게도 민간에서는 이 독당근을
유방암 환자를 위한 의약품으로 이용해왔었습니다. 물론,
과학자들은 이 역시 미신이라며 철저하게 무시했죠. 그
러나 이 독당근의 에탄올 성분 추출물이 p53유전자 통
제하에 세포 자살을 유도하는 능력이 있음이 밝혀지고
전세가 역전이 됩니다. 암세포 자살을 유도할 수 있다는
가능성이 생긴 것이죠.

코끼리는 장수하는 동물이고, 노화가 진행됨에도 불구하고 인간과 다르게 암에 거의 걸리지 않습니다. 이 이유가 p53 유전자의 역할로 볼 수 있는데요. 독당근에 이러한 항암 능력을 발현시킬 가능성을 확인한 겁니다.

사람을 죽이는데 쓰이던 독당근은 어쩌면 수많은 사람을 살리는데 쓰일 수 있겠습니다.

또 한 가지 재밌는 이야기가 담배입니다. 담배는 백해무익하다. 절대악이라는 평가를 받죠. 담배 식물을 봅시다. 담배 잎에는 셈브라노이드라는 성분이 함유되어 있습니다. 이 셈브라노이드에 관한 앞선 연구를 보면, 이 성분은 연산호라는 산호에서 발견된 화합물로 인간세포에 생기는 폐암, 피부암, 결장암을 억제할 가능성이 있다고 발표된 바가 있습니다.

물론, 시중에 판매되는 담배에는 맛과 향을 위해 이 셈브라노이드라는 성분이 제거된 채 유통, 판매되기는 합니다. 그렇지만, '무조건 악이다.' '백해무익하다.'고 알고 있었던 담배에도 찬란한 가능성이 있습니다. 암을 예방, 극복할 수도 있다는 가능성이 있는 겁니다.

사람을 죽이는데 쓰이던 독당근과 백해무익한 담배도 가능성을 갖고 있습니다.

나도 바뀔 수 있습니다. 가능성이 있습니다. 모르면 모릅니다. 독당근에 암세포자살을 유도할 수 있는 능력이 있는지, 담배에 셈브라노이드라는 항암 성분이 있는지, 모르면 모릅니다. 독당근은 사약이고, 담배는 백해무익하겠죠.

알면 다릅니다. 과거에는 사약으로 쓰이던 독당근과, 백해무익한 담배로 여겨졌더라도, 미래에는 사람을 살리는 데 쓰일 수도 있는 겁니다. 과거가 어찌 되었던 그것이 내가 더 나아질 수 있는 가능성을 없애지 못합니다.

나도 나를 알 필요가 있습니다.
우리는 여전히 더 나아질 수 있습니다.

29. 목숨 건 노력은 자연스러울까?

연어 다큐멘터리를 보면 연어의 삶은 치열한 생존기 그 자체입니다. 목숨을 걸고 알을 낳은 어미연어, 그 알에서 태어난 새끼, 태어나자마자 마주하는 수많은 포식자들, 겨우 생존하고 나면, 다시 목숨을 걸고 태어난 곳으로 돌아가 알을 낳고 삶을 마감하는 연어.

생존기술이 부족한 양식 연어 새끼들의 경우 야생으로 방출되었을 때, 야생 연어의 새끼들보다 성어가 되는 비율이 낮습니다. 위기 없는 환경에서 자랐기 때문에, 위기 인식능력이 저하되는 것이죠. 위기 인식능력이 저하되었기 때문에, 위기에 대처하는 능력이 떨어질 수밖에 없겠죠.

위기에 강한 사람이 되려면, 능력 있는 사람이 되려면, 위기 속에서 자라야 한다는 이야기입니다. 모든 것이 다 갖추어진 양식장에서 풍요롭게 자라는 것이 과연 옳은 일일까요? '연어가 뭐 위기 대처능력이 좀 없으면 어때, 맛만 좋으면 되지.' 예 좋습니다. 그렇다면 우리는 어떤

가요? 모든 것이 다 갖추어진 환경 속에서 풍요만을 느끼며 자라는 것이 과연 옳은 일일까요?

그렇습니다. 위기 없이 안전한 현대사회에서 우리는 위기를 찾아 나서야 합니다. 도전해야 한다는 말의 다른 표현이기도 하죠. 당신은 지금 어떤 위기 속에 있나요? 아니면, 풍요 속에서 위기 인식능력을 잃어버리고 있나요?

물총고기라는 생명체가 있습니다. 목구멍과 입을 압박하여 물총을 쏩니다. 물속에서 물 바깥에 나뭇잎에 앉아 있는 메뚜기나 기타 벌레들을 사격하여 물속으로 빠뜨린 뒤 잡아먹습니다. 굉장히 어려운 일이죠. 빛이 굴절되기 때문에, 보이는 데로 목표물을 쏴서는 맞출 수 없습니다. 어떻게 가능할까요? 타고났을까요? 아니요. 이 물총고기 아쳐 피쉬는 다른 물고기들이 사격하는 모습을 천 번 정도 보고 배우면 목표물을 맞출 수 있게 된다고 합니다. 천 번이요. 우리가 흔히 무시하기 쉬운 물고기들도 이런 노력을 하더라고요. 참 재밌었습니다. 재밌는 동시에, 이런 자연 속에서 능력을 발전하기 위해서 노력하는 생명체를 발견한 것도 기뻤습니다.

더 나은 실력과 능력을 갖기 위해 노력하는 것은 말 그대로 자연스러운 일이구나. 하는 생각이 들었습니다.

목표물을 제대로 맞추기 위해 천 번 이상 보고 배우는 물총고기처럼 우리도 우리의 목표를 위해 천 번이든 천일이든 노력을 해봅시다.

스프레잉 카라신이라는 물고기가 있습니다. 이들은 알을 낳기 위해 물 밖으로 뛰어 나갑니다. 높이 점프해서 나뭇잎에 매달립니다. 그 나뭇잎에 알을 낳습니다. 그리고 수컷 카라신은 2~3일 동안 1분 간격으로 나뭇잎에 매달린 알에 꼬리를 쳐서 물을 뿌려 줍니다. 마르지 않게 수분 공급을 해주는 것이죠. 물고기에게 물 밖은 굉장히 위험한 곳이죠. 특히 카라신처럼 아주 작은 물고기에게는 더욱 위험할 수 있겠죠.

목숨을 걸고 목표를 이루려 하는 이 작고 연약한 생명체에서 위대함을 보았습니다. 이런 생명체가 자연 속에 살아가고 있다는 것은 기분 좋은 일입니다. 목숨 걸고 노력한다는 건, 그리 부자연스러운 일이 아닙니다. 생각보다 자연스러운 일이죠.
열심히 사는 건 자연스러운 일입니다.

30. 힘든 노력을 기꺼이 감수하고 성공하는 사람은 많
    을까요?

No pain, No gain. 이것을 따르는 사람이 많을까요?
Pain, Gain. 이것을 따르는 사람이 많을까요?

이 부분에 대해 영감을 줄 수 있는 실험이 있어 소개하
려고 합니다.

제브라피시를 대상으로 한 실험입니다. 참고로 이 제브
라피시는 우주에도 간 적이 있죠. 구 소련 살류트 5호
발사에 쥐나 원숭이가 아닌 제브라피시가 탑승을 하였었
죠. 이 물고기는 척추동물로 유전체 구조가 사람과 유사
하기 때문이기도 하고, 뇌나 심장, 간, 콩팥 다 있습니
다. 가격도 싸고 강인해서 기르기도 쉽기 때문에 실험동
물로서는 제격인 셈이죠.

무튼, 제브라피시를 대상으로 한 실험입니다. 어항의 한
쪽은 풍요롭게 꾸며 놓습니다. 식물들과 여러가지 물건
들을 갖다 놓고, 다른 한 쪽은 황량하게 꾸며 놓습니다.

그러니까, 한 쪽은 성공의 맛을 느끼게 풍요롭게 꾸며 놓았고요. 한 쪽은 실패의 맛을 느끼게 공허하게 만들었습니다.

당연히, 이 물고기들은 풍요로운 공간에서 놀기를 좋아합니다. 이제, 제브라피시에게 아세트산을 주입을 합니다. 이것은 고통을 유발합니다. 고통스럽더라도 여전히 풍요로운 방에서 놀기를 좋아합니다. 자, 이 때, 황량한 방에만 진통제를 뿌립니다.

결과는 어떻게 되었을까요? 이들은 통증을 느끼며 풍요로운 방에 머물지 않고, 통증을 감소시켜주는 진통제가 있는 황량한 방으로 몰렸습니다.

비유하자면
힘든 성공 보다 안 힘든 실패를 선호한 거죠.
Gain, Pain 보다 No pain, No gain을 선호한 겁니다.

생존의 관점에서 보면 이해가 갑니다.
고통은 치명적일 수 있지만 모든 것을 앗아갈 수 있지만, 성공은 한 순간이며, 모든 것을 주지 못하기 때문이죠.

아프면 죽을 수도 있지만, 맛있는 음식을 먹는 행복은 곧 사라진다는 말이죠.

그러니까 gain보다 pain에 더 민감하게 반응하는 것이 당연합니다.

그렇지만, 당연한 것이 옳지는 않죠. 현대 사회에서 pain은 치명적이지 않습니다. 공부하다가 힘든 것? 운동하다가 힘든 것? 인간관계, 사회활동을 하다가 힘든 것? 고통이지만, 치명적이지 않습니다.

제브라피시가 아닌 인간인 우리는 좀 더 나은 선택을 할 수 있습니다.

yes pain, yes gain의 마인드로 살아가 봅시다.

없어도 된다.

한 때 포유류의 뇌에서만 확인이 가능한 신피질이라는 부위가 있어야만 인식 및 경험, 높은 수준의 인지능력, 영리한 행동, 통증 지각 등을 총괄하는 의식이 있다는 주장이 있었죠. 그래서 조류가 의식적으로 영리한 행동을 한다는 주장은 받아들이기 어려웠던 시절이 있었습니다. 그러나 새는 신피질이 없음에도 도구를 만들고, 특정 장소를 기억하고, 심지어 사람도 구분하고, 장난까지 친다는 사실이 확인이 되자, 신피질이 있어야만 의식할 수 있다는 주장은 폐기가 되었습니다. 조류의 구피질이 나름대로 진화하여 이러한 높은 수준의 인지능력을 확보했다는 주장이 받아들여졌죠.

이제 어류의 차례입니다. 물론 어류도 신피질이 없지만, 의식이 없다는 건 아니죠. 에모리 대학교의 신경과학자 로리 마리노는 이렇게 말했습니다.

'신경해부학적 근거가 불충분하다는 이유로 물고기의 통증인식을 인정하지 않는 것은 지느러미가 없다는 이유로 인간의 수영능력을 부인하는 것이나 마찬가지다. 열기구는 날개가 없어도 하늘을 날 수 있다.'

굉장히 인상적인 말입니다. 저는 이 문장을 읽고 한동안 큰 감동, 쾌감에서 벗어나지 못했는데요. 여전히 다시 읽어도 멋진 말입니다.

신경해부학적 근거, 그러니까 물질적인 근거가 없다고 해서 그 작용이 이루어질 수 없다는 것은 말이 안 된다는 이야기죠. 꼭 신피질이 아니어도 의식할 수 있고, 지느러미가 없어도 수영을 할 수 있고, 날개가 없더라도 열기구처럼 날 수 있죠.

우리 이야기를 해봅시다. 뭐가 없어서, 뭐가 모자라서, 뭐가 아니라서 못한다는 생각을 집어치워야죠. 돈이 없어서, 키가 작아서, 아름다운 외모가 없어서, 높은 아이큐가 없어서 못한다는 말을 집어 치워야죠. 마치 신피질이 없어서 조류와 어류는 의식하지 못한다는 이야기와 같죠. 참고로 어류는 공부해볼수록 굉장히 영리한 구석이 많은데요. 일례로 코이로돈 앙코라고라는 양놀래깃과 물고기는 조개를 물고 바위 앞으로 갑니다. 그러고는 좌우로 고개를 막 흔들다가 조개를 바위로 여러 번 던져서 조개를 벌려 먹습니다. 이 신피질이 없는 물고기가 의식이 없다는 건 말이 안 되죠. '무언가가 없다'는 것은 '무언가를 못 한다'를 뜻하지 않습니다.

신피질이 없어도 의식할 수 있음이 자명한 조류와 어류처럼

무언가가 없는, 돈이 없든, 시간이 없든, 그런 우리도 할 수 있음이 자명합니다.

31. 당신이 신뢰하는 사람은 누구인가요?

누구를 신뢰할지 정하는 일은 굉장히 중요합니다. 올바른 신뢰는 나를 더 성공적인 사람으로 만들어 줄 수 있습니다. 반면, 그릇된 신뢰는 나를 더 쇠퇴하게 만들 것입니다. 이 이야기를 끝까지 들어 주신다면, 인간관계의 중요성에 대해 다시 한 번 고찰할 좋은 기회를 얻으실 겁니다.

코끼리 사회에서는 덩치가 크고 나이와 경험이 많은 암컷이 우두머리입니다. 모계사회죠. 우두머리 암컷은 지형과 공간 정보, 구체적으로는 먹이가 있는 곳, 물이 있는 곳, 서식지로서 적합한 곳에 대한 풍부한 지식을 갖고 있습니다.

예상치 못한 가뭄에도 수십km 떨어진 곳에 있었던 물웅덩이를 기억하고는 무리를 데리고 아주 먼 여행을 떠납니다. 코끼리에게도 엄청 먼 거리죠. 일주일이 꼬박 걸릴 정도로 부담스러운 거리고, 리스크가 확실히 존재 합니다. 이러한 위기 상황에 가장 경험이 많은 암컷 우두머리 코끼리가 이성적이고 냉철한 판단을 내립니다. 구성원들은 이 우두머리의 결정에 따르고 먼 여행을 떠나죠.

여기서, 우두머리는 지식을 기반으로 행동합니다. 다른 무리의 구성원들은 신뢰를 바탕으로 행동합니다. 여기서 신뢰가 중요한 겁니다.

이 신뢰는 내가 알 수 없는 행동을 할 수 있게 만듭니다. 무리의 구성원 코끼리들은 어느 곳으로 가는 지도 정확하게 알 수가 없고, 그 곳에 대한 정보도 경험도 없습니다. 그렇지만 갈 수 있습니다. 지식과 경험을 통해 내가 행동할 수 있으면 그것이 제일 좋습니다. 그렇지만, 우리들은 오히려 많은 분야에서 지식도 없고, 경험도 없습니다. 새로 운동을 하려고 해도 경험이 없죠. 새로 다이어트를 해보려고 해도 경험이 없죠. 새로운 분야의 공부를 하려고 해도 경험이 없죠.

이럴 때, 우리가 운동을 하고 다이어트를 하고 공부를 하려면 신뢰가 필요합니다. 우리를 가르쳐줄 수 있는 그 인물에 대한 신뢰가 필요합니다. 우두머리 코끼리를 신뢰하는 나머지 구성원들처럼 말입니다.

현실 속 인간관계에 존재하는 인물이 아니어도 괜찮습니다. 위인전에 등장하는 철학자여도 좋고요. TED강연에 나오는 과학자여도 좋겠습니다. 동기부여 강연을 해주는 사업가여도 좋을 것이고요. 이러한 사람들에 대한 신뢰가 필요합니다. 신뢰를 해야 내가 행동할 수 있습니다. 아무리 좋은 강연을 듣고 동기부여를 받더라도 신뢰하지 않는다면, 행동하지 않습니다.

우두머리 코끼리를 신뢰하지 못한다면, 구성원 코끼리들이 당연히 수십km를 일주일에 거쳐 리스크를 감수하며 이동하진 않겠죠.

나를 가르치는 선생님을 신뢰하지 못한다면, 저는 당연히 그 선생님이 가르친 바를 학습하지 않을 것이고, 배우지도 공부하지도 않겠죠.

신뢰를 해야 합니다. 훌륭한 사람을 신뢰해야 합니다. 철저하게 신뢰하고 행동으로 옮겨야 합니다. 공부를 하면 되구나! 운동을 하면 되구나! 내가 신뢰하는 이 분야에서 경험 많고 지식이 많은 사람이 된다고 말했으니, 나도 따라하면 되겠구나. 하는 마음가짐은 진실된 신뢰에서 나옵니다.

당신은 누구를 신뢰하십니까?
그리고 당신을 신뢰할 사람은 누구입니까?

32. 언제 기분이 좋나요?

행복과 쾌락, 기쁨에 대해서 좀 고민을 해봅시다.

언제 기분이 좋습니까?

택배 박스를 뜯을 때, 갖고 싶던 물건을 살 때, 맛있는 음식을 먹을 때 또 더 있을까요? 구체적으로는 나이키 신발을 샀을 때, 명품을 하나 샀을 때, 차를 바꿨을 때 등등이 있겠죠.

소비와 기쁨을 명확하게 구분하기 어려워졌습니다. 소비가 곧 기쁨인 것처럼 되어버렸어요. 저만 하더라도 대부분 소비를 주로 책과 술, 안주에 하고 있는데, 그 때 제일 기쁩니다. 돈을 쓸 때, 행복을 느끼게 되었어요. 그러다가 돈을 쓸 때만 행복하게 되어가는 건 아닌가 하는 의문이 들더라고요. 소유하게 되거나 소비하게 되거나 할 때만 행복한 건 아닌가 하고 말이죠.

그래서 아예, 소비와 소유가 철저하게 제외된 행복을 더 느끼려고 노력하려고 합니다. 일을 하면서 일 자체에서 보람을 느끼고 의미를 찾기도 하고요. 기르는 애완견이 자는 모습을 보면서 흐뭇해하기도 하고요. 새벽 겨울 공기를 크게 들이마시고 천천히 내뱉으면서 왠지 모를 풍족감을 느끼기도 합니다. 이미 사둔 책을 다시 읽으면서 작가의 생각에 감탄하기도 하고요. 운동을 하면서 새삼스럽게 중량의 자극을 느끼기도 하죠. 잠자리에 들었을 때, 그 안락함에 감격스럽기도 하고요.

무엇을 구매하는 소비, 소유 없이 행복을 느끼는 연습을 하다보면, 따뜻한 커피 한잔을 마실 수 있음이 감사하게 느껴지고요. 일용할 양식이 주어짐에 감사함도 느껴집니다. 새로운 책을 살 수 있음에도 더 감사한 마음이 생기고, 소주 한 잔에도 감동이 생깁니다.

이처럼 소비와 소유를 떠난 행복을 찾는 노력을 하다 보니, 긍정적인 마음이 절로 생깁니다.

power할 때 pow는 힘이라는 뜻을 갖고 있는데요. poseidon(포세이돈), potential, positive 잠재력, 긍정적인의 단어들도 po(w)를 포함하고 있죠. 힘과 잠재력과 긍정성은 같은 어원을 공유하고 있습니다. 왜 그런지 알

것만 같습니다.

항상 힘내자 힘내자! 란 말로 하루를 시작하는 우리입니다. 소비와 소유의 집착에 가려진 일상을 유심히 들여다 봅시다. 그 일상 속에서 긍정할 수 있는 일들을 하나씩 되새겨 보면, 긍정적인 마음이 커집니다. 우리는 이 커진 긍정적인 마음을 바탕으로 더 힘을 낼 수 있을 겁니다.

33. 지금 가는 길이 어렵고 힘들어 자꾸만 회의감이 들
때.

책을 읽다가 '굴광성' 이라는 단어를 오랜만에 만났습니
다. 참 반가웠습니다.

이 굴광성 (屈光性, phototropism)은 빛이 들어오는 방
향으로 굴곡 성장하는 성질이라는 뜻인데요.
식물 호르몬중에서 옥신에 의한 현상인데요. 이 옥신은
생장력이 강한 줄기와 뿌리 끝에서 생겨나는 호르몬으로,
길이 생장과 세포 분열, 발근을 돕고 곁눈 생장을 막습
니다. 무튼 간단하게 말해 햇빛을 보게 되면 옥신은 햇
빛을 받지 않는 부분으로 이동하여 빛에서 먼 쪽에 있는
세포가 햇빛에 가까운 쪽의 세포보다 빠르게 성장하게
합니다.

이렇게 깊은 연구 없이 현상만 보고 판단했더라면, 아!
식물은 성장에 햇빛이 필요하니 그 햇빛을 더 많이 받으

려고 햇빛을 향해 자라구나! 생각하기 쉽죠. 그러나 실제로는 햇빛을 더 받으려고 빛 쪽으로 성장하는 게 아니죠. 오히려 옥신이 빛을 피하려다 보니 빛 쪽으로 성장하게 된 것이죠.

참 재밌더라고요. 인생도 그렇지 않을까요? 식물들의 진짜 성장은 햇빛 에너지를 직접적으로 다량 제공받는 부분이 아니라, 오히려 햇빛과는 거리가 먼 부분에서 이뤄지잖아요. 우리의 진짜 성장도 모든 풍족한 조건이 다 제공된 곳에서 이뤄지는 것이 아니라, 어쩌면 그렇지 않은 음지, 조금 힘든 곳에서 이뤄지는 것 일지도 모르겠습니다.

사실 오늘 이 이야기를 하려고 했던 것은 아닌데요. 본론으로 들어가 보겠습니다. 덩굴해란초라는 식물입니다. 꽃말은 생명력, 희망, 머나먼 꿈이네요. 이 식물은 양의 굴광성을 갖기도 하고 음의 굴광성을 갖기도 합니다. 개화 단계에서 꽃대는 양의 굴광성을 보입니다. 꽃이 햇빛에 노출되게 되어 수분이 잘 이루어질 수 있는데요. 수분이 끝나게 되면 음의 굴광성을 띠게 됩니다. 꽃대가 다시 어두운 쪽으로 자라게 되어 본래 서식지인 절벽, 바위틈, 어둡고 축축한 곳으로 자라게 됩니다.

덩굴해란초에게는 이게 올바른 성장인 셈이죠. 아주 문제없이 잘 나아가고 있는 겁니다.

만약, 내가 지금 인생의 힘들고 어려운 길을 나아가고 있다면, 혹여나 잘못된 길을 가고 있는 것은 아닌가 하며 수많은 회의감이 들 수 있습니다.

개화 후 수분한 뒤에는 어둡고 축축한 바위 틈사이로 나아가는 것이 올바른 방향인 덩굴해란초처럼,
우리도 삶에 어느 시기에는, 이렇게 힘들고 어려운 길을 나아가야 할 때가 있을 겁니다. 잘못된 건 아닐까 의심하지 말고, 확신을 갖고 차근차근 나아가 봅시다.

34. 어떤 것이 존재하지 않음을 증명할 수 있을까?

외계인이 존재하지 않는다고 증명할 수 있을까?
설인(빅풋), 예티가 존재하지 않는다고 증명할 수 있을까?

어렵습니다. 내릴 수 있는 결론이라고는 '조사 결과, 지금까지 확인된 바가 없다.' 정도입니다. 아무리 외계인의 존재를 증명한다고 제시한 증거들이 거짓이라고 판명이 나더라도, 외계인이 존재하지 않는다는 증거가 되지는 않습니다. 단지, '조사 결과, 지금까지 확인된 바가 없다.'의 결론이 유지될 뿐이죠. 만에 하나, 외계인의 존재를 확인할 수 있게 된다면, '외계인은 존재한다.'는 명제가 참이 되며, 비로소 '외계인이 존재하지 않는다고 증명할 수 있을까?' 라는 의문이 해소가 됩니다. 끝이 나는 겁니다. 그런 의문 필요 없고, 존재한다고 말이죠.

왠 갑자기 또 외계인 이야기야. 하시겠지만, 여기서 큰 영감을 얻을 수 있으실 겁니다. 어떤 것이 존재하지 않음을 증명하기는 어렵죠. 외계인이 존재하지 않음을 증

명하기는 어렵죠. 또, 당신이 성공할 수 없음을 증명하기
역시 어렵습니다. 도무지 어렵습니다.

당신이 성공할 수 없음을 증명하려고 아무리 애를 써도,
고작 할 수 있는 것은 '지금까지 성공한 바가 없다.' 정
도겠죠. 그 후로, 단 한번이라도 성공한다면, '당신은 성
공할 수 있다.'는 명제가 참이 됩니다. '나는 성공할 수
없다고 증명할 수 있을까?' 라는 의문이 해소가 됩니다.
그런 의문 필요 없고, 성공할 수 있다고 말이죠.

나는 지금 어떻게 살아가고 있나요? '나는 성공할 수 없
다'는 것을 증명하기 위해 살아가고 있나요? 그렇다면,
그 삶을 당장 포기하십시오. 외계인이 존재하지 않는다
고 증명할 수 있을까요? 굉장히 어려울 겁니다. 역시 당
신이 성공할 수 없다는 것을 증명하는 것은 너무 어렵습
니다.

차라리, 나는 성공할 수 있다는 명제를 참으로 만들기
위해, 성공을 해버리세요. 성공을 만들어내고 나면, 증명
이 끝이 납니다. '당신은 성공할 수 있다' 이것을 증명하

는 것이 훨씬 쉬운 일입니다.

35. 머리가 나빠도 성공할 수 있을까?

이 이야기를 끝까지 들어주신다면, 비록 머리가 나쁘더라도 성공할 수 있다는 자신감을 얻을 수 있으실 겁니다.

이탈리아 영장류학자 엘리사베타 비살베르기는 로마동물원에 붙어있는 연구시설에서 검은머리카푸친의 도구 사용을 연구하면서 평생을 보냈다고 합니다. 방금 제가 읽은 이 문장도 참 멋지다 생각을 합니다. 처음 읽었을 때는 웃음이 났지만. 시간이 지날 수록 많은 생각을 하게 만들더라고요. 궁금해서 이 엘리사베타 비살베르기라는 인물에 대해 좀 더 알아보기로 했습니다. 명확하게 정보가 검색되진 않더라고요. 그럼에도 그는 영장류학 박사로서 영장류들의 도구 사용에 관한 연구로 삶의 많은 시간을 보낸 것이 확실해 보였습니다.

본론은 아니지만, 저 같은 평범한 사람이 얼핏 보면 그런 걸 왜 인생을 걸고 연구하지? 하는 생각이 드는 주제에 몰두하고 헌신하는 모습을 보고 이 박사님이 참 멋지다는 생각이 들었습니다. 나도 내 인생을 살아가는 동안에 좀 더 내 삶을 둘러싸고 있는 것들을 확장하면서도 주어진 최대의 임무인, 환자들을 치료하는 임무에 몰두하고 헌신해야겠다는 생각이 들었습니다. 이런 생각은 자주 하지 않으면 흐트러지기 마련이거든요. 계속 모래성을 쌓듯 모으고 모아야 집중이 됩니다.

본론으로 돌아와 한 실험에서 땅콩이 놓인 게 보이는 수평 방향의 투명한 관 앞에 검은머리카푸친을 서게 했습니다. 이 투명관은 굉장히 좁고 길어서 막대를 이용해 땅콩을 끝까지 밀어내야만 그 땅콩을 획득할 수 있었죠. 긴 막대를 이용해서 땅콩을 획득하는 것은 잘 했습니다. 그 다음, 투명관 중간 쪽에 땅콩이 빠질 수 있게 함정 구멍을 뚫어 놓았죠. 잘못된 방향에서 땅콩을 밀면 땅콩이 함정 구멍으로 빠져 영영 못 먹게 되는 상황이 오게 되었죠. 이렇게요. 반대로 올바른 방향에서 땅콩을 밀면 함정구멍에 빠지지 않고 바깥쪽으로 땅콩이 빠져 나오죠. 그럼 맛있게 먹으면 되는 것이죠.

검은머리카푸친 네 마리에게 이 실험을 했을 때, 네 마리 중 한 마리(이름이 로베르타), 로베르타가 왼쪽, 오른쪽 왔다갔다 하며 막대를 넣어서 밀었다가, 다시 막대를 뺐다가 하는 시도를 반복했는데, 결국에는 거의 매번 땅콩을 획득할 수 있게 되었습니다. 자기가 봤을 때 땅콩이 멀리보이는 위치에서 막대를 넣고 밀었을 때, 땅콩이 나온다는 것을 파악한 것이죠.

그런데 이 로베르타는 투명한 관 중간에 함정구멍을 없애도 역시, 자기가 봤을 때 땅콩이 멀리보이는 위치에서 막대를 넣고 미는 것이었습니다. 함정이라는 변수를 파악하고 내린 결정이 아니라 경험적으로 땅콩이 멀리 보이는 곳에서 밀었을 때 땅콩이 나온다는 것을 파악한 것이죠.

반면, 침팬지 다섯 마리로 이 실험을 했을 때, 그 중 2마리가 거의 매번 땅콩을 획득할 수 있게 되었는데요. 또 역시, 함정을 없애보았습니다. 이 때, 침팬지는 아무 방향에서나 막대를 밀어 땅콩을 획득했죠. 즉, 이전의 실험에서 함정의 존재를 파악하고 결정을 내렸던 것이죠. '땅콩을 밀어내는 도중에 함정이 있으면 그 함정에 빠지기 때문에 먹을 수 없다. 그러므로, 땅콩을 밀어내는 도중에 함정이 없는 방향에서 막대를 넣어 밀어야 한다. 이 때, 땅콩을 먹을 수 있는 방향에서 땅콩을 보면, 땅콩은 멀리 보인다.'는 인과관계를 침팬지는 파악했습니다.

반면, 검은머리카푸친은 '땅콩과 거리가 먼 방향에서 막대로 밀었을 때, 땅콩이 바깥으로 나오더라!' 는 것을 경험적으로 파악했죠.

침팬지는 인과관계를 파악하여 땅콩획득에 성공했고요. 검은머리카푸친은 경험적으로 땅콩획득하는 법을 체득했습니다.

침팬지가 검은머리카푸친에게 인과관계를 설명하여도 검은머리카푸친은 이해하진 못할 겁니다. 그럼에도 불구하고, 검은머리카푸친은 땅콩을 획득할 수 있습니다.

인간에 비유해봅시다. 성공한 사람들이나, 아주 똑똑한 사람들, 능력있는 사람들이 복잡한 설명을 통해 인생의 원리를 우리에게 납득시키려고 합니다. 이 때, 우리는 그 원리를 이해하지 못할 수 있습니다. 그렇다고 해서 성공할 수 없는 것일까요?

그렇지 않습니다. 인과관계를 파악하지 못해도, 경험적으로 체득하여 땅콩획득에 성공할 수 있었던 검은머리카푸친처럼 성공할 수 있습니다.

투명관 중간에 있는 함정의 존재를 파악하고, 땅콩을 밀어내는 길에 그 함정을 지나치지 않아야 한다는 원리를 파악하지 못하더라도,
단지, 땅콩이 멀리 보일 때, 밀어내면 획득이 되구나! 만 파악하더라도

괜찮습니다. 어떻게 해야 하는 지만 알면 괜찮습니다.

만약, 내 스스로가 원리를 파악하는 침팬지가 아니라 검은머리카푸친이라는 생각이 들어도, 좌절할 필요가 없습니다.

나의 롤모델이 이렇게 말하는 겁니다.

공부를 하세요. 할 때 이렇게 이렇게 하세요. 이유를 막 설명합니다.
운동을 하세요. 할 때 이렇게 이렇게 하세요. 이유를 막 설명합니다.
성실하게 사세요. 이유를 막 설명합니다.

저는 대답합니다. 이해가 가지 않습니다. 왜 공부를, 운동을 해야하죠?

이 왜를 몰라도 되는 겁니다. 왜인지는 몰라도 정답을 맞추는 검은머리카푸친처럼, 결국 올바른 정답인 행동을 하면 되는 겁니다. 왜인지는 몰라도, 공부를 하고, 운동을 하고, 성실하게 살아보는 겁니다.

내가 똑똑하고 옳다는 거만함을 버리고, 나는 틀릴 수 있고, 잘 모를 수 있다는 겸손함만 있다면,
내가 침팬지가 아니라 검은머리카푸친라는 생각이 있다면 말입니다.

예를 들어, 환자를 진료를 하다 막혔을 때, 여러 논문이나 선배 한의사 선생님들의 조언을 참고하더라도 내 생각과는 다를 수 있습니다. '아, 이 치료접근법으로는 낫지 않을 것 같은데...' 하는 감정이죠.
운동을 하다가 정체기에 왔을 때, 선배 보디빌더분들의 조언을 들어봅니다. 역시 내 생각과는 다를 수 있겠죠. '아니, 인체생리학적으로 납득이 잘 가지 않는데...' 하는 생각이 자꾸 들겁니다.

냉정하게 말해서 내공이 낮아 이해를 못한겁니다. 검은 머리카푸친인 겁니다. 그럴 때는, 받아들이고, 또 받아들

여서 결국 시간이 흐르고 나의 내공도 쌓여간다면 그때서야 침팬지처럼 이해할 수 있습니다.
내가 당장 이해하지 못한다고 해서, 잘 할 수도 없는 건 아닙니다.

나는 모자라기에 그 원리를 이해할 수 없으니,
경험과 행동을 따르겠다!

는 마음가짐도 필요합니다.

굴욕적이다는 생각에 오만함에 사로잡혀선 안 됩니다.
내가 좀 멍청하면 받아들여야죠. 내가 검은머리카푸친이면 삶의 인과관계를 파악하긴 어려울 수 있습니다. 그렇다면, 경험적으로라도 내 몸에 아로새기자는 겁니다.

더 나아가 왜 열심히 살아야하는 지, 모르겠더라도 열심히 살아볼 필요가 있는거죠.
우리는 설령 잘 모르더라도, 올바른 행동을 할 수 있고, 성공할 수 있으니까요.

36. 값진 충고를 받아들일 수 있는 방법

이 이야기를 끝까지 경청해주신다면, 종종 마주하는 값진 충고를 흘려보내지 않을 수 있습니다. 예를 들어, '부자가 되고 싶으면 책을 읽어라!' 라는 조언을 들었을 때, '아니, 책을 읽으면 왜 부자가 되지? 돈이 벌리는 일을 사업을 해야 부자가 되지. 저런 조언은 허무맹랑해. 책을 읽어서 부자가 된 것이 아니라, 마침 부자인 사람이 책을 많이 읽었을 뿐이겠지.'

같은 생각에서 벗어나 더 깊은 이해를 할 수 있으실 겁니다.

한 번씩 인과관계가 불분명해 보이는, 직접적인 관계가 보이지 않는 유형의 충고를 받을 때가 있습니다.

그러니까, 제대로 살고 싶으면 네 방부터 치워라. 라던가, 부자가 되고 싶다면, 책을 읽어라. 라던가. 성공하고 싶다면 매일 운동하라. 라던가 말이죠.

방을 치운다고 정신이 차려지는 것도 아니고, 책을 읽는
다고 돈이 들어오는 것도 아니고(오히려 책값이 나가면
나가겠죠), 매일 운동한다고 해서 일이 잘 풀리는 것도
아니죠. '왜 이런 납득이 가지 않는 충고를 해놓고는 무
작정 하라고 하는 거지?' 하며 의문감과 반발심이 생기
기 쉽습니다.

회색 늑대와 사시나무는 무슨 상관일까요? 얼핏 생각하
기에 큰 연관성이 없어 보이지만, 아주 긴밀한 관계에
있습니다. 옐로스톤국립공원의 사시나무 생태계를 한 번
봅시다. 본래 이 국립공원에는 회색늑대가 살고 있었는
데 1926년을 마지막으로 전멸했습니다. 그 후 사시나무
생태계가 쇠약해지게 되었죠. 그 후 1990년대 중반에
늑대 31마리를 다시 국립공원으로 들어온 뒤 곧 사시나
무 생태계가 번성하게 되었습니다.

보시면, 늑대는 엘크를 잡아먹습니다. 이 엘크는 사시나
무의 줄기와 잎을 먹고 삽니다. 늑대라는 천적이 사라지
자 엘크가 번성하게 되었죠. 엘크가 번성하자 사시나무
생태계가 파괴가 되기 시작한 겁니다.

이처럼 별반 상관없어 보이는 회색 늑대와 사시나무는

아주 긴밀한 관계를 맺고 있죠. 직접적이진 않지만 아주 긴밀합니다.

다시 한 번 볼까요? 방 청소와 올바른 삶, 독서와 부, 운동과 성공 조금 다르게 보이지 않나요? 회색늑대와 사시나무는 엘크라는 다리 하나만 건너면 금방 이해가 가죠. 그렇지만, 엘크를 떠올리지 못하면 그 둘의 연관성을 파악하기는 어렵습니다. 마찬가지입니다. 실제로 우리가 엘크라는 변수를 파악하진 못해도 회색늑대와 사시나무의 관계는 긴밀하죠.

역시, 방청소와 올바른 삶 사이의 그 무언가들, 독서와 부 사이의 그 무언가들, 운동과 성공의 사이 그 무언가들을 파악하진 못해도 관계가 긴밀하다고 할 수 있습니다.

이러한 사고의 유연성만 갖고 있더라도, 우리는 이미 성공한 사람들이 진심어린 마음으로 해주는 충고와 조언을 실은 이해하지 못하더라도 그럴 수도 있다는 사고의 확장을 이룰 수 있습니다. 이러한 유연성을 바탕으로 한 확장은 실천을 부릅니다.

방청소를 시작할 것이고, 독서를 시작할 것이고, 운동을 시작할 것입니다. 그리고 차차 회색늑대 덕분에 사시나무 생태계가 회복되듯이, 우리의 삶도 차차 더 나아질 것입니다.

37. 보상을 지연시키는 것

노력을 한다는 것은 보상을 지연시키는 것입니다. 지금 당장의 보상을 선택하지 않고, 추후에 다가올 보상을 선택하겠다는 의지가 담긴 행동입니다.

노력은 자제력이기도 합니다. 당장의 노력을 포기함으로써 오는 편안함이라는 쾌감을 접어두고, 노력을 실행함으로써 오는 불편함이라는 불쾌감을 펼치는 일입니다.

노력은 보상을 미루는 것에 더불어, 보상의 차원을 바꾸는 일입니다. 공부와 운동으로 비유해봅시다. 보상을 조금만 미루었다고 합시다. 1시간만 공부하고 쉬었고, 1시간만 운동하고 쉬었다고 합시다. 딱 그만큼의 보상이 실력상승으로 다가옵니다. 또 한편, 10시간이고 이를 악물고 공부하고, 운동했다고 합시다. 전국 수석 학생처럼, 코비 브라이언트처럼 그렇게 독하게 말입니다. 그럼 차원이 다른 실력상승이 이루어집니다.

청소년에게 흡연과 음주가 금지되어 있습니다. 청소년기

에는 도파민이 가장 활성화되는 시기입니다. 그만큼 도파민을 분비시키는 행동을 자제하기 어려운 시기이기도 합니다. 패스트 푸드, 게임, 음란물, SNS, 스마트폰 그리고 음주와 흡연 모두 도파민을 분비시킵니다. 다시 말해, 실제로 우리가 생각하는 보상, 가치가 있는 무언가는 아니지만, 뇌는 보상이라고 생각하는 것들이죠. 노력 없이 손쉽게 얻을 수 있는 즉각적인 보상인 셈이죠.

자제하기 어려운 시기에 자제에 성공할수록, 손쉽게 얻을 수 있는 즉각적인 보상을 미뤄뒀을수록, 가볍고 무의미한 자유를 누리지 않고 제한했을수록, 우리는 더 성공에 가까워질 수 있습니다.

패스트 푸드 섭취를 참았을 때, 게임이 하고 싶은 마음을 접어두고 공부를 했을 때, 음란물에 빠지지 않고, 독서를 했을 때, SNS에 중독되기 전에, 운동을 했을 때, 음주, 흡연을 참고 건강을 챙길 때, 우리는 모두 즉각적인 쾌락을 자제한 것이죠. 누릴 수 있는 가볍고 무의미한 자유를 접어둔 셈이죠. 그리고 조금 더 성공에 가까워질 수 있습니다.

어찌보면, 노력을 포기하는 것은 가벼운 보상, 즉각적인 쾌감, 값싼 성공이자 실질적인 실패가 되고요. 노력을 지속하는 것은 무거운 보상, 멀리 있는, 당장은 없지만, 값비싼 쾌감을 선사할 성공이 되는 겁니다.

내가 값싼 사람인지, 값비싼 사람인지는 말로 결정할 수 있는 것이 아닙니다. 내 행동을 두고 봐야 할 일입니다.

38. 운동을 즐기지 못하는 이유, 공부를, 나의 일을 즐
  기지 못하는 이유는 무엇일까요?

단지, 힘들기 때문일까요?

아이린 트레이시의 정맥실험을 봅시다. 통증이 있는 지
원자들 모르게 진통제를 투여했을 때는 통증 완화가 미
비했지만, 투여 사실을 알리자 효과가 아주 강력하게 나
타났습니다.

이것은 우리가 목표를 위해 노력할 때도 똑같이 적용이
됩니다. 통증이 있는 상황에서의 목표는 진통입니다. 진
통을 위해 필요한 수단은 진통제죠.

통증이 있을 때, 진통제를 통해, 진통 효과를 얻는 거죠.

우리는 진통제가 객관적으로 진통효과가 있다고 인지합
니다.
그러한 인지가 진통의 효과를 배가 시키는 것이죠.

불만족이 있는 상황에서의 목표는 성공입니다. 성공을 위해 필요한 수단은 노력이죠.

불만족이 있을 때, 노력을 통해, 성공을 얻는 것이죠.

여기서 진통제를 몰래 투여했을 때는 효과가 미비했으나 알기고 투여했을 때는 효과가 컸었던 사실 기억하시죠?

마찬가지입니다.

노력이 확실히 성공을 줄지를 모른다면 별로 의미가 없습니다.
노력이 객관적으로 성공을 준다고 인지해야 합니다.
그 인지가 확실히 있을 때야 노력의 효력이 더 발생하는 겁니다.

여기서 우리는 노력이 성공을 준다는 인지가 필요합니다.
노력을 경시하거나 희화화하거나 노력의 가치를 의심해서는 별로 도움이 되지 않는다는 이야기입니다.

인간은 보상이 주어진다는 것만 인지한다면 고통을 적극

적으로 추구할 수 있습니다. 힘든 와중이라도 보상을 인식하면 천연 진통제 역할을 하는 오피오이드, 칸나비노이드 등이 뇌에서 생성되어 통증을 느끼지 못하게 막기 때문입니다.

다시 한 번 우리는 노력하면 성공할 수 있다는 인식을 강하게 가질 필요가 있겠습니다.

다음으로 미국의 심리학자 케네스 바우어스의 실험을 살펴보겠습니다. 같은 전기충격을 줍니다. 이 때, 한 그룹에게는 그 전기충격을 피할 방법을 알려주고요. 다른 그룹에게는 알려주지 않습니다. 같은 수준의 전기충격임에도 불구하고 피할 방법을 모르는 그룹이 통증을 더 크게 평가했습니다.

달리말해, 통증에 대한 지휘권, 통제권의 유무에 따라 그 통증이 견딜만한 약한 통증이 되는지, 견디기 어려운 강한 통증이 되는지가 영향을 받는다는 거죠. 내가 그 통증을 다룰 수 있다는 인식이 있으면, 그 통증으로부터 덜 고통 받습니다.

억지로 공부를 하게 되면 너무 하기 싫고 눈물이 났던 기억이 납니다. 차라리 자발적으로 공부를 하면서 내가 쉬고 싶을 땐, 쉬어가며 했던 때가 차라리 나았습니다. 유사하죠. 좀 더 노력을 다스리려면 내가 고통에 대한 지휘권, 통제권을 가져야 합니다.

지금 내가 하는 이 노력은 언제든 내가 그만둘 수도 있고, 더 할 수도 있다는 사실을 인지해야 합니다. 내가 선택해서 내 지휘권으로 내 통제권으로 선택한 일임을 다시 한 번 인식해야 합니다.

안전한 상태에 있다는 것을 인지해야 합니다. 매운 맛이 고통인 사실은 다 아시죠? 매운맛은 미각수용체가 인지하는 맛이 아니라, 온도나 통증을 느끼는 감각수용체가 인지하는 자극이잖아요. 이 매운맛을 많은 사람들이 즐기죠. 한국 사람들은 특히 김치를 좋아한다는 것만 보아도 납득하실 수밖에 없을 겁니다. 이러한 매운 맛, 고통을 즐기는 것을 '양성 피학증'이라고 합니다. 폴 로진 심리학 교수가 만든 용어인데요. 뇌가 처음에는 위협이 될 것으로 잘못 판단한 부정적인 경험을 즐기는 상태를 의미 합니다.

즉, 위협처럼 느껴지지만, 실제로는 위협이 되는 상황이 아니므로 몸이 속았다는 자각이 쾌감으로 이어진다는 겁니다. 일종의 학습된 안도감 쾌감이겠죠.

공부를 하다보면, 운동을 하다보면 불안에 휩싸일 때가 있습니다.

'이거 시험 떨어지면 내 인생은 어떻게 되는 거지?'

안 죽습니다. 생명에 대한 위협이 되지 않습니다. 무언가를 하려고 하던, 그 일 말고 다른 일 해서 생존에 위협이 되지 않게, 먹고 살 수 있을 정도의 수준의 국가에서 우리는 살아가고 있습니다. 노력을 하고 그것이 잘 이루어지지 않더라도 실질적인 위협이 되지 않는다는 사실을 인지해야 합니다. 실패했더라도 끝없는 자책이나 불안감에 묻힐 것이 아니죠.

'에이 뭐 망해도, 죽진 않네.' '별거 아니네?' 하는 인식이 필요합니다. 사실 우리는 실패해도 생물학적으로 위협을 받진 않습니다. 아주 안전합니다. 매운맛을 즐기듯, 노력을 즐겨야죠.

정리하자면 다음과 같습니다.

첫째, 노력하면 반드시 성공한다.
둘째, 이 고생은 내가 선택해서 하고 있는 것이다.
셋째, 실패는 위협적이지 않다. 다시 하면 된다.

39. 한의사가 해주는 동기부여

저는 하루에 여러 환자분들의 진료를 보는 한의사입니다. 많은 환자분들을 진료하다보니, 또 많은 통증을 마주하게 됩니다. 그런 면에서 통증 및 고통은 제게 아주 익숙한 존재이기도 합니다.

오늘은 이 통증을 통해 동기부여를 하려고 합니다. 통증 연구계의 거장이라고 할 수 있는 아이린 트레이시 교수의 실험을 소개해드릴게요. 2008년에 한 실험인데, 천주교 신자와 무신론자 집단을 대상으로 전기충격을 가하고 뇌 영상(fMRI)을 찍어 비교하는 실험이었습니다.

1차 실험에서는 그냥 전기충격만 가했고, 2차 실험 때는 전기충격을 가하기 30초 전부터 천주교 집단에게 예술작품 〈기도하는 성모 마리아〉를 보여주었습니다. 무신론자 집단에게는 다른 예술작품을 보여주었고요. 1차 실험 때, 단순한 전기충격만 가했을 때는 천주교 신자와 무신론자가 느끼는 전기충격의 강도가 유사했으나, 2차 실험 때, 천주교는 기도하는 성모 마리아 작품을 보고, 무신론자는 다른 예술작품을 보고 난 뒤에는 천주교 신자가 느끼는 전기충격의 강도가 훨씬 낮았습니다.

종교의 힘이 통증을 경감시켰다고 해석할 수 있겠습니다만, 저는 조금 다르게 해석하겠습니다. 종교에 있어서 신은 목표고 목적이고 절대적이죠. 만약, 우리도 그러한 진실 된 마음으로 추구해야 할 목표가 있다면 말입니다. 바로 납득이 가지 않는다면 말이죠. 돈에 미친 사람에게 돈뭉치를 보여주고 저기 저 전기충격 실험을 똑같이 시행해본다면 어떨까요? 납득이 가시죠? 다시 돌아와 우리에게 간절한 목표, 진실된 목표가 있다면 말입니다.

원하는 대학교에 진학을 하겠다던가, 원하는 회사에 취업을 하겠다던가, 시험에 합격을 하겠다던가, 내 사업을 성공시키겠다던가 말입니다. 이런 진짜 목표가 있다면, 우리는 더 힘들더라도, 고통스럽더라도, 전기충격같은 고난을 더 잘 인내해낼 수 있을 겁니다.

자, 이 이야기에서 결론은 실제로 목표는, 진정으로 원하고 추구하는 목표는 고통을 경감시킵니다. 우리를 더 노력할 수 있게 만듭니다.

또 다른 이야기는 오피오이드 이야기입니다. 조금 심각한 이야기이기도 한데요. 생소한 분들이 많지 싶습니다. 오피오이드는 뇌의 오피오이드 수용체와 결합해서 통증을 완화해주는 물질입니다. 우리 몸에서 합성되는 엔돌핀, 엔케팔린, 다이노르핀과 같은 물질도 있지만, 옥시코돈과 펜타닐 들어 보셨죠? 이와 같은 합성 오피오이드도 생산되고 있죠.

미국은 1990년 말부터 오피오이드 위기가 확산되었습니다. 거대 제약회사들이 적극적인 로비를 통해 경험이 부족한 의사들에게 오피오이드 처방에 대한 무료 교육을 지원하고 및 남용을 부추겼기 때문인데요. 2018년 미국 역사상 처음으로 교통사고 사망자수를 앞질렀다고 합니다. 지난 20년간 오피오이드 과다복용으로 인한 사망 건수가 세 배로 증가한 결과라고 하네요.

통증이 너무 심해, 진통하기 위해 만들어진 진통제가 진통은커녕(실제로 만성통증에는 통증 완화정도가 매우 낮다고 통증과학의 대가 하버드 대학교 의과대학의 클리퍼드 울프 교수가 말했습니다) 사망을 유발한 것이죠.
통증을 억제하기 위한 마약성 진통제(펜타닐 등)의 남용의 결과가 사망으로 이어졌죠. 해석하자면, 받아들여야 할 통증을 올바르지 못한 방법(펜타닐 남용)으로 막으려고 할 경우, 오히려 더 큰 화를 입을 수 있다는 뜻입니다.

공부가 하기 싫어서 게임을 주구장창 했더니, 미래가 불투명해졌다. 운동이 하기 싫어서 먹고 자고를 반복했더니, 건강이 망가졌다. 유사한 케이스라고 볼 수 있겠습니다. 받아들여야 할 고통은 피해선 안 됩니다. 잘 받아들여야 합니다.

이 이야기에서의 결론은 고통을 피하는 것, 고통을 차단하는 것 자체가 문제를 해결하기보다도 오히려 더 크게 만들 수 있다는 겁니다.

두 이야기를 합쳐 봅시다.

종교에 있어서의 신은 내 인생에 있어서의 목표와 같겠죠. 진심으로 추구하고 닿고 싶은 무언가죠. 이 목표를 상기시키는 것만으로도 우리는 우리의 노력으로부터 오는 고통을 경감시킴으로서 더 적극적으로 노력할 수 있게 됩니다.

노력을 하다보면 힘들고 고통스럽기에 펜타닐과 같은 진

통제를 찾게 되곤 합니다. 오락이나 나타함, 과도한 음주 정도가 될 수 있겠네요. 노력으로부터 생기는 고통을 마주하는 것이 아니라, 회피하는 것이죠. 이 회피는 결국 더 큰 고통을 불러일으킴을 자각할 필요가 있습니다.

힘들 때, 게임 한판, 소주 한잔이 아니라 목표를 생생하게 상기시켜 봅시다. 아마 좀 더 할 만해지실 겁니다.

40. 지금 내 인생을 바꾸고 싶다면, 들어봐야 할 이야기

하루하루 반복되는 삶을 살지만, 그래도 내 인생을 멋지게 바꾸고 싶은 생각은 누구나 갖고 살아가죠. 로또를 사기도 하고, 주식 대박을 꿈꾸며 주식을 사기도 하고요. 코인을 사기도 합니다. 그렇지만, 같은 일을 하고 있죠. 같은 일을 하면서, 다른 삶을 살고 싶어 하는 마음을 갖고 있습니다.

무튼, 지금의 내 인생을 바꾸고 싶다면, 들어봐야 할 이야기, 시작하도록 하겠습니다. 아마 끝까지 경청해주신다면, 느끼는 바가 크실 겁니다. 더 나아가 새로이 실천하는 바가 생기실 겁니다.

저희 집 강아지입니다. 휴지를 아주 멋지게 물어뜯죠? 강아지가 귀엽다는 것을 자랑하려는 건 아니고요. 이 친구는 본인이 지금 일을 만들어 내고 있습니다. 사고를 치고 있죠.

삶은 크게 두 가지 일로 나뉩니다.

나에게 일어나는 일, 나 자신을 배경으로 만드는 일이죠. 내가 만들어 내는 일, 나 자신을 주인공으로 만드는 일입니다.

우리의 삶의 대부분을 구성하는 것은 나에게 일어나는 일들입니다.

시작은 내가 만들었더라도 시간이 지나면서 나에게 일어나는 일로 점점 바뀌어 갑니다. 예를 들어, 출근하는 것도, 처음 입사 지원서를 쓰고, 면접을 보고, 합격을 하고, 출근을 하는 일은 내가 만들어 내는 일이 맞습니다. 내가 주인공으로 행동하는 것이죠.

반면, 시간이 지나면서, 출근을 하고, 해야 할 일을 처리하고, 퇴근을 합니다. 이 일이 반복이 되다보면, 내가 해야 하는 일, 나에게 일어나는 일로 바뀝니다. 그러한 일들에 익숙해진다면, 나 자신이 배경으로 살아가고 있다는 뜻입니다.

시작에 강아지 이야기를 했죠. 이름은 만두입니다. 만두는 생의 대부분을 본인에게 일어나는 일에 반응하는 것으로 보냅니다. 간식을 주면 반응을 하고요. 산책을 가는 일도 본인이 가는 것이 아닙니다. 제가 산책을 가주는 일이 일어났기 때문에 만두가 산책을 하며 반응을 할 수 있는 것이죠. 본인이 좋아하는 사람이 집에 찾아와 만나게 되면 반응을 하죠. 대부분 반응하는 시간을 보내는 겁니다.

가끔 주체적으로 휴지를 뜯거나 장난감을 혼자 열정적으로 가지고 놀거나 하는 것이 스스로 만들어 낸 일이죠.

어느 날 저도 그런 생각이 들더라고요. 나도 만두랑 별로 다를 게 없이 사는 게 아닌가? 하고 말이죠.
출근도 해야 해서 하고요. 일도 해야 해서 하고요. 밥도 배달이 오니까 먹고요. 그런 거죠.

이렇게 살 수는 없죠. 이것저것 내가 주인공으로서 할 수 있는 일들을 해보아야죠. 직장을 때려치우라는 이야기가 아닙니다. 오히려 더 적극적으로 나서야 한다는 것이죠. 직장 내에서도 할 수 있는 일도 많을 것입니다. 따로 할 수 있는 일이 없다면, 지금 주어진 일을 더 잘하려고 해야 하는 거죠. 물살이 흐르면 흐르는 데로 흘러

가지 말고, 한 번 튀어 오르라는 겁니다. 저도 페이닥터입니다. 급여를 받고 일 하지만, 급여만큼 일하려고 하진 않습니다. 내 일인 것처럼 일 하려고 합니다.

'바보 아냐?'

바보 아닙니다. 저도 정해진 급여를 받으며 일을 할 때, 최소한으로 일을 하는 것이 가성비가 더 좋다는 사실쯤은 압니다. 그렇지만, 내가 내 삶을 주인으로 사는 것은 연습이 필요하죠. 매사 내가 주인인 것처럼 행동하려고 합니다. 타인에게 갑질을 하라는 것이 아니죠, 그것과는 전혀 상관없는 일입니다. 책임을 지는 행동을 하겠다는 것이죠. 마치 더 큰 책임을 지고 있는 것처럼 행동을 한다면, 어느 샌가 저는 더 큰 일을 할 수 있는 사람이 되어 있을 겁니다. 그 사실을 추가로 더 알 뿐입니다.

100만원을 받으며 80만원어치의 일을 한다면, 기뻐할 것이 아닙니다. 내 역량은 그 시간을 보낸 만큼 줄어든 것입니다. 100만원을 받으며 200만원어치의 일을 한다면, 억울해할 것이 아닙니다. 내 역량은 그 만큼 늘어난 것입니다.

웨이트로 비유하자면, 100키로 들 수 있는데 80키로 들고 운동하면 이득입니까? 손해죠. 100키로 들 수 있는데, 200키로 들면 대박 아닌가요? 딱 들어맞는 비유는 아니지만, 일리가 있는 비유입니다.

물론 그렇다고 해서, 고용주들이 근로자의 월급을 적게 줘도 된다는 이야기도 아닙니다. 이 이야기는 주제 밖이니 넘어가도록 하겠습니다.

무튼, 직장 내에서도 주어진 일을 하면서도, 주인으로 살아갈 수 있습니다. 더 큰 책임을 진 것처럼 행동을 하는 것이죠.

직장 밖이면 더 자유롭습니다. 저는 보디빌더이기도 하고요. 유튜버이기도 하고요. 작가이기도 하고요. 사업가이기도 합니다. 강연가이기도 하고요.

간단히 말해, 안 해도 되는 일을 해야 합니다.

모두 다 안 해도 되는 일입니다. 안 해도 먹고 살 수 있습니다. 이 안 해도 되는 일을 굳이 할 때, '나는 주인으로 살고 있구나'를 깨달을 수 있습니다.

나는 지금 굳이 안 해도 되는 일을 하고 있는지, 한 번 생각해봅시다.

41. 타인의 시선에서 자유로워지는 방법

타인의 시선이나 사회적 평가에 휘둘리지 않아야 할 때

나의 노력과는 상관없이 실패할 때가 있습니다. 정말 열심히 해서 무언가를 만들었는데, 타인이 봤을 때, 볼품이 없다거나 이미 유사한 물건이 있어 모조품, 아류라는 평가를 받거나 할 때 말입니다.

열심히 했는데, 불합격했을 때, 실패했을 때도 마찬가지죠. 이때의 주변 사람들의 위로는 정말 도움이 되지 않죠. '괜찮다. 그럴 수 있지. 충분히 잘 했어.'라는 위로는 설령 그것이 진심이더라도, 오히려 내가 불합격했고, 실패했고, 괜찮지 않다는 사실을 본인 스스로 더 인지하게 될 분입니다.

이처럼 정말 노력했는데도 사회적 기준에서 실패를 했을 때 우리는 어떻게 대처하는 것이 옳을까요?

이 때 긍정할 수 있어야 합니다. 노력해서 창조한 무언가가 실은 이미 세상 밖에 나와 있던 것이라 아류로 평가받는다고 하더라도, 노력해서 공부하고 시험을 쳤지만, 불합격했더라도, 그 노력한 것 자체를, 힘들게 공부했던 사실은 긍정해야만 합니다.

결과가 부정적인 것은 맞지만, 그렇다고 해서 노력해온 과정까지 부정해서는 안 됩니다. 그렇게 되면, 노력 자체에 대한 부정적 감정이 생깁니다. 흔히 '노ㅇㅇㅇ력'이라고 노력을 비하하기도 하죠. 이런 쓸모없는 감정이 생깁니다. 노력을 비하해서 어쩔 겁니까? 안하기 밖에 더 하겠습니까? 지금 이 상태에서 더 노력을 안 한다면 삶은 좀 나아지겠습니까? 그렇지 않죠. 노력을 긍정해야만 합니다. 결과와는 무관하게 내 노력은 내가 긍정할 수 있어야 합니다.

노력했는데도 실패하는 것은 과정 속에 있는 거죠. 이 과정이 힘들면 힘들수록 우리는 더 많이 배웁니다.

2010년 프린스턴대학교의 심리학자 대니얼 오펜하이머와 연구팀의 실험내용입니다.
그들은 학생들을 불러 가공의 생명체에 대한 글을 읽게 했는데요. 한 그룹은 읽기 쉬운 큰 폰트로 인쇄된 자료를, 다른 그룹은 작고 흐릿한 폰트로 인쇄된 자료를 받았습니다.

가공의 생명체 가공의 생명체

두 그룹에게 똑같은 시간을 주고 해당 자료를 읽게 한 뒤, 읽은 내용을 잊게 하기 위해서 전혀 상관없는 다른 과제도 수행하게 했습니다.

결과는 어땠을까요?

읽기 쉬운 폰트의 자료를 읽은 그룹이 두 배이상 더 많이 틀렸습니다. 쉽게 읽은 그룹은 오답이 많았고요. 읽기 어려운 폰트의 자료를 읽은 그룹이 훨씬 더 맞추었습니다. 어렵게 읽은 그룹은 정답이 많았습니다.

이 연구결과를 읽고 나서는 정말 놀랍더라고요. 어려운 과정을 겪어 낸 그룹이 더 정답이 많았죠.

지금 우리도 실패, 불합격을 얻은 노력의 과정 속에 있더라도 낙담할 것이 아닙니다. 결과를 떠나 노력을 긍정하고, 이 꾸준한 노력을 바탕으로 어려운 과정을 겪어

낸다면, 우리는 다른 사람들 보다 더 많은 정답을 갖고 있을 겁니다.

최소 우리는 우리의 노력을 진심으로 긍정할 수 있어야 합니다.

42. 삶에 권태감을 느끼는 당신에게

이번 시간에는 매일을 똑같게, 지루하게 사는 '나'에게 필요한 동기부여 내용입니다.

경청해주신다면, 아마도 느끼는 바가 크실 겁니다.

시작하겠습니다.

아이와 어른의 차이 중 하나는 '변화'에 대한 태도입니다.

아이들은 미래를 살고, 어른은 과거를 삽니다. 물론 아이들에게는 과거가 많이 없기 때문에 자꾸 미래를 그리고 희망을 품고 살아갑니다. 얼른 어른이 되고 싶어 하죠. 변하고 싶어 합니다. 소방관도 되고 싶고, 의사도 되고 싶고, 사업가도 되고 싶고, 유튜버도 되고 싶어 합니다.

반대로 어른은 이미 쌓아온 과거가 많습니다. 그 과거를 그리워하기도 하고, 후회하기도 하며 살아갑니다. 그럼에도 같은 하루를 반복하며 살아갑니다. 여전히 같은 직장에서 여전히 같은 업무를 보며 여전히 같은 하루를 보냅니다. 지금 상황에서 변화는 사치라 생각을 합니다.

미래를 사는 아이들은 언제든 어떻게든 변할 수 있습니다. 왜냐하면 미래는 정해져 있지 않기 때문이죠. 상상하기 나름이고 계획하기 나름입니다.

과거는 정해져 있고, 변하지 않죠. 이 과거를 사는 어른들은 변화하기 어렵습니다. 왜냐하면 과거에서부터 현재까지 이어온 그 관성은 쉽게 꺾이지 않기 때문이죠. 바꿔어야지 다짐하더라도 작심삼일입니다.

뇌는 학습할 만큼 학습했다는 판단이 들고 나면, 변화를 좋아하지 않습니다. 싫어합니다. 에너지가 너무 많이 들기 때문이죠. 배울 만큼 배웠는데, 또 다른 새로운 배움을 한다는 것은 뇌 입장에선 가성비가 좋은 선택이 아닙니다. 에너지 소모가 크고 불확실 합니다.

불확실성에서는 불안과 공포, 불쾌감을 느낍니다. 확실한 불만족인 과거의 연장선과 알 수 없는 불확실한 미래의 창조선 중에서 오히려 확실한 불만족인 과거를 고르는 경향이 있습니다.

어른이 그렇습니다. 그 동안 쌓아온 과거들은 변하지 않죠. 정해져 있습니다. 빛나는 과거도 있겠고, 어두운 과거도 있겠죠. 어찌 됐든 현재와 미래는 더 나아질 수 있습니다. 그럼에도 불구하고, 대부분의 어른인 우리는 그 확실한 과거의 연장선을 살아가고 있습니다.

아이들은 다릅니다. 쌓아온 과거가 적은, 거의 없는 아이들은 과거의 연장선을 살지 않습니다. 자신의 현재와 미래를 창조하며 살아갑니다. 니체가 낙타와 사자, 아이를 예로 들며 설명할 때 왜 아이가 최고라고 했는지 이제 이해하실 수 있을 겁니다. 아이들은 미래를 창조하며 살아가고 있습니다.

지금 나는 과거의 연장선을 살고 있으면서도 다른 삶을 살고 싶어 합니다.
불확실한 희망을 선택하지 않습니다.
확실한 과거를 꽉 쥐고, 끊어내지 못합니다. 그러면 과거와는 다른 미래를 살 수 없습니다.
불확실한 희망을 선택해야만 합니다.
과거의 연장선을 잘라내고, 새로운 미래를 만들어 가야

합니다.

확실한 도전이란 것은 없습니다. 도전은 언제나 불확실
합니다.
불확실한 것을 하는 게, 성공할지, 실패할지 알 수 없는
것을 하는 것이 도전이고 미래의 창조선으로 올라타는
일입니다.

지금 나는 과거의 연장선에 있나요? 미래의 창조선에 있
나요?

43. 목표는 희망이 아니라 스트레스여야 합니다.

종종 목표나 꿈을 긍정적으로만 생각하는 경향이 있는데, 그래선 안 됩니다. 역설적으로 가장 큰 스트레스의 근원이어야만 합니다.

만약, 목표를 이야기하면서 웃음이 지어진다면 행복하다면, 그것은 목표를 세운 것이 아니라 망상을 한 것입니다. 정말 이루고 싶은 것이 있다면, 정신 제대로 차려야 합니다. 목표는 스트레스여야 합니다.

우리는 행복보다는 불행에 더 잘 집중하는 경향이 있습니다. 스트레스에 더 집중하는 경향이 있습니다. 그리고, 적정한 양의 스트레스는 아시다시피 집중력을 높입니다. 왜 스트레스가 집중력을 높이는 지 아시나요? 갈등과 문제를 처리해야 하는 상황에 놓일 때, 스트레스가 생기기 때문입니다. 그러니까, 문제가 있을 때, 가장 필요한 것이 스트레스인 겁니다. 반면, 행복한 상황, 스트레스가 없는 상황에서는 집중력이 높아지지 않습니다. 해결할 문제가 없으니 집중력이 높을 필요가 없는 거죠.

지금부터 시작하겠습니다.

1.목표는 명확해야 합니다. 그리고 그 목표를 이루기 위해 해야 하는 행동 역시 명확하고 단순해야 합니다. 뇌는 모호한 것에서 불안, 공포 반응을 하기 쉽습니다. 모호한 목표는 불안을 유발하고 불안은 부정적인 감정을 만들기 때문에, 목표를 포기하기 쉬워집니다. 그러므로 반드시 목표는 명확하게 설정을 해야 하고, 그것을 이루기 위해 해야 할 행동 역시 명확해야만 합니다. 그래야 목표 자체의 성공할지, 실패할지 알 수 없다는 불확실성을 극복할 수 있습니다.

2. 목표는 스트레스여야 합니다.
목표를 이루기 위해서는 해야 할 많은 일들이 있습니다. 또 목표는 불확실한 특성이 있죠. 현재 상황과 목표를 이룬 미래 상황을 비교해보면 괴리가 존재하죠. 이 괴리를 철저하게 스트레스로 인식하고, 극복하려고 해야 합니다. 더욱이 스트레스 중에서도 가장 근원적인 스트레스로 설정해야 합니다.

예를 들어, 왼쪽 손가락이 팔꿈치가 골절이 되고, 오른쪽 팔꿈치가 조금 까졌다고 합시다. 왼쪽 팔꿈치 통증에만 집중하게 됩니다. 훨씬 더 큰 통증의 근원이니까요. 목표도 마찬가지입니다. 목표 말고도 살아가다보면 다양한 스트레스들이 있을 겁니다. 그래도 목표에 집중하기 위해서는 목표가 가장 큰 통증이자 근원 스트레스여야 하는 겁니다. 옆에서 친구가 못살게 굴어도, 공부를 할 수 있어야 한다는 이야기입니다. 오른쪽 팔꿈치가 까져서 따끔거려도 골절된 왼쪽 팔꿈치를 치료해야 한다는 이야기입니다.

목표가 행복이면 안 되나요? 우리는 행복한 일이 있을 때 행복해하기 보다도, 불행한 일이 없을 때 행복해 합니다. 아무리 행복한 상황에 속해 있더라도 불행한 일이 발생하면 온 정신이 불행한 일에 쏠리죠. 당연한 겁니다. 행복은 아무리 커도 그 한계가 있죠. 맛있는 것이 많아도 먹을 수 있는 양은 정해져 있죠. 심지어 먹다보면 맛이 없어집니다. 더 먹을수록 고통스러워지기까지 합니다. 반면, 불행은 그 크기의 한계가 없습니다. 복어 독 조금만 먹어도 사망에 이를 수 있죠. 이처럼 불행은 아주 치명적일 수 있기 때문이죠. 그러기에 원래 우리의 뇌는 행복보다는 불행, 위기, 걱정에 초점을 더 맞추어져 있습니다.

그러니까 우리는 행복보다는 불행에 더 잘 집중하는 경향이 있습니다. 스트레스에 더 집중하는 경향이 있습니다. 그리고, 적정한 양의 스트레스는 아시다시피 집중력을 높입니다. 왜 스트레스가 집중력을 높이는 지 아시나요? 갈등과 문제를 처리해야 하는 상황이기 때문입니다. 반면, 행복한 상황, 스트레스가 없는 상황에서는 집중력이 높아지지 않습니다. 집중력이 높을 필요가 없기 때문이죠.

목표를 이루기 위한 노력을 하면서 과도한 스트레스를 받지 않으며, 적절한 스트레스의 강도를 유지하며 앞으로 나아가야 합니다.

물론 항상 목표를 생각하면 치가 떨리게 스트레스 받으라는 이야기가 아닙니다. 진지하게 노력해서 현실화해야 하는 무언가로 간주해야 한다는 이야기죠.

지속적 노력에 지칠 때면, 목표를 이룬 상태를 상상하며 그 긍정적인 정서를 유발하고, 그것을 원동력으로 현실에 집중하는 것은 아주 바람직하겠죠. 제가 예전에 말씀드렸던 도파민 분비를 활용한 동기부여라고 이해할 수 있겠습니다.

목표는 스트레스로 세팅이 되어 있어야 합니다. 그리고 내가 어느 정도 수준의 스트레스와 긴장감을 갖고 노력을 해야 하는지도 잘 컨트롤을 해야 하고요. 지칠 때면, 밝은 창창한 미래를 상상하며 동기부여도 할 필요가 있고요.

목표는 스트레스가 맞습니다. 중요한 것은 목표를 이루기 위해, 스트레스에 잠식될 것이 아니라, 스트레스를 활용해야 합니다.

44. 스트레스는 풀지 말고, 끝 까지 쌓아둬야 합니다.

이게 무슨 소리냐 할 수 있겠습니다만, 한 번 잘 들어보십시오.

연인들끼리 사소한 것으로 싸우는 장면에서 그 갈등이 점점 커지고 결국에는 폭발하여 분노로 가득 차 헤어지거나, 서로 극적으로 화해하며 감동에 가득 차 포옹하거나 하는 기승전결 구조 익숙하시죠?

이렇게 격한 분노와 벅찬 감동은 결말은 다르지만, 아니 완전히 반대이지만, 그 과정이 같습니다. 스트레스의 누적입니다.

해리포터 시리즈가 큰 감동을 주는 이유도 같습니다. 영화로도 여러 편이 제작되죠. 그 만큼 방대한 분량인데요. 그 방대한 분량 내내 주적인 볼드모트는 끊임없는 스트레스로 작용합니다. 드디어 악당을 물리쳤다고 하더라도, 결국 그의 부하일 뿐인 상황이 지속이 되죠. 심지어 볼드모트는 정체를 잘 드러내지도 않습니다. 이렇듯 모호한 면은 뇌에게는 더 큰 스트레스로 작용하게 되지요.

그러다 마지막 편에서 마침내 볼드모트를 쓰러뜨릴 때, 그 감동은 이루 말할 수 없을 만큼 커져있습니다. 그 간의 스트레스가 만들어 낸 감동이죠. 영화 한편으로 볼드모트를 물리쳤다면, 깊은 감동은 없었을 겁니다.

지금 제가 하고 싶은 이야기는, 스트레스의 누적을 성공할 때 까지 끌고 가야 한다는 이야기입니다. 그리하여 결국 성공하였을 때는 큰 감동, 감정의 변화를 동반합니다. 스트레스 누적을 극복하고 성공했을 때만이, 극적인 감동을 만든다는 겁니다.

다이어트를 한다면 끝 까지 해서 보디빌딩 시합이라도 나가 보시고요. 공부를 한다면 끝 까지 해서 시험에 합격을 하십시오. 사업을 하신다면 끝 까지 해서 성공을 하십시오.

스트레스의 누적의 결과가 큰 감동으로 이어진다는 것을 각인하는 겁니다. 성공할 때 까지 하면 이런 각인이 생깁니다. 그렇다면 다음에 또 다른 스트레스의 누적의 상황이 발생해도 이 상황을 큰 감동으로 연결해서 생각할 수 있습니다. 그렇다면, 스트레스 관리 능력이 상당히 높아지게 되는 것이고, 달리 말해 어렵고 힘든 일을 할 능력이 생기는 겁니다.

반면, 결국 끝까지 가지 못한 상황, 성공해내지 못하고, 포기했다고 해봅시다. 스트레스의 누적은 큰 분노 및 실패입니다. 그렇다면, 앞으로 다가 올 스트레스 상황들에 대한 대처능력이 상당히 떨어지게 되는 겁니다. 스트레스의 누적 상황은 결국 분노와 우울로 이어진다 라고 생각하게 되기 때문입니다.

힘든 상황을 잘 견디는 사람과 포기하는 사람은 다릅니다. 스트레스를 잘 견디는 사람에게 힘든 상황을 이겨내는 것은 당연합니다. 이 길의 끝에 큰 감동과 성취감이 있으니까요. 그러니까 끝까지 포기하지 않고 나아가겠죠. 반면, 스트레스에 잘 무너지는 사람에게 힘든 상황에 포기하는 것이 당연합니다. 어차피 이 길의 끝에는 실패와 우울 분노가 있으니까요. 오히려 빠르게 포기하려고 하겠죠.

어떤가요? 빠르게 포기하지 마세요. 끝가지 포기하지 말고 나아갑시다.

사소한 자신과의 약속도 포기하지 마세요.

우리는 이제 끝까지 성공할 때 까지 합니다.

그러니까 스트레스는 제 때 제 때 풀지 마시고,
끝 까지 성공할 때 까지 쌓아두십시오.

45. 당신은 당신을 믿습니까?

180명의 무릎 골관절염을 앓는 환자를 대상으로 실제 치료 수술과 플라시보 수술을 나누어 진행했음에도 큰 차이가 없었다는 사례(Moseley 외, 2002),

플라시보 위약을 처방하며 이 약이 가짜 약이라고 알려주었음에도 아무런 치료를 받지 않은 사람들보다 증상의 더 개선된 사례(Kaptchuk 외, 2010)

특히, 후자는 하버드 대학의 연구 중 하나인데요. IBS증상이 있는 80명의 환자를 무작위로 위약임을 오픈 하고 위약치료를 하고, 또 치료를 받지 않도록 했습니다.

다만, 위약이 설탕 알약과 같은 치료에 유효한 성분이 아니지만, 임상 연구에서 심신 자가 치유과정, 즉 나을 것이라는 마인드가 신체에 영향을 미친다는 내용을 인지함으로써 IBS증상을 크게 개선할 수 있다고 설명을 해주었습니다.

연구 결과로, 위약을 충실히 복용한 지원자들의 IBS심각도는 훨씬 낮아졌습니다.

그러니까, 유의미한 화학반응을 유발하지 않는 치료라도, 의미가 없더라도, 내 생각만으로도 치료에 의미가 있을 수 있다는 것을 인지한다면, 효과가 있는 겁니다.

아무런 효과가 없더라도, 내 생각으로 효과가 있다고 믿으면 효과가 생기는 거죠.

물론 이 효과의 정도는 있겠지만, 생각보다 강하다는 것을 알아야 합니다.

또 다른 실험으로, 같은 초코바를 제공했지만, 하나는 앞에 '건강한'이라는 수식어를 붙였고, 다른 하나는 '맛있는'이라는 수식어를 붙였습니다. 같은 초코바임에도 불구하고, '건강한'이라는 수식어가 붙은 초코바를 먹은 집단의 포만감이 낮았죠. 같은 칼로리의 같은 영양성분인데 생각만으로도 몸이 소화, 흡수하는 과정에 영향을 준다는 이야기죠.

인간의 육체적인 한계는 꽤 많은 부분 정신적인 부분의

영향을 받는다는 것을 인정해야 합니다. 한 예로, 투르 드 프랑스 (도로 싸이클 대회) 선수 비랑크의 사례를 들 수 있습니다. 비랑크의 강력한 요청으로 비랑크의 코치는 비랑크에게 도핑을 합니다. 그 시합에서 비랑크는 평소와는 다른 아주 훌륭한 성적을 냈는데요. 사실 그 도핑은 가짜였습니다. 비랑크가 눈치채지 못하게 약물을 포도당으로 바꿔치기 했기 때문이죠. 그럼에도 불구하고 성적은 훨씬 훌륭하게 나왔습니다. 더 나은 성적을 낼 수 있다는 강력한 정신적인 믿음이 육체적 능력에 영향을 준 대표적인 사례가 되겠죠.

생각은 실질적인 영향을 만든다는 것을 인정함과 동시에, 내가 긍정적인 생각을 함으로서, 실질적인 변화를 만들 수 있다는 사실을 인식하고, 매사에 적용할 필요가 있습니다.

한 실험에서 수학시험을 치르기 전에, 한 집단에는 스트레스 및 긴장이 시험 문제를 푸는 과정에서 각성상태를 유지시켜 줌으로서 오히려 도움을 줄 수 있다고 알려줬고, 다른 집단에는 아무런 정보를 주지 않았습니다.

놀랍게도, 스트레스가 이롭게 작용한다는 내용을 전달한

집단의 평균이 훨씬 높았습니다. 여기서 생각해볼 수 있습니다. 어쩌면, 공부를 잘 하는 학생들은 알게 모르게 이 사실을 터득한 것이 아닐까요? 수십 번 시험을 치르면서 그 긴장감을 극복하기 위한 일종의 자기 암시로서, 이 긴장감이 나의 집중력을 높아준다는 믿음을 만들지 않았을까요?

이 믿음은 사회로 까지 이어져 비교적 학벌이 높은 사람이 성공확률이 높은 현상을 아주 조금이나마 일부 설명해줄 수 있지 않을까요?

그렇다면, 지금의 나는 앞으로 더 나은 삶을 살기 위해서, 스트레스를 받는 상황, 과도한 긴장감에 무너질 것 같은 상황을 다르게 생각해서, 오히려 이 스트레스는 나의 능력을 더 완벽하게 발휘하게 도와줄 수 있는 수단이라고 생각해야 하지 않을까요?

스트레스는 정말 나의 잠재력을 끌어줄 수 있는 멋진 무언가라고 말이죠. 그리하여 시험을 잘 치르고, 시합을 잘 치르고, 운동을 잘 마치면 나는 어느 새 더 나은 사람이 되어 있겠죠.

만약, 오랜 기간 스트레스에 패배해왔다면, 끊임없이 불안감에 패배해왔다면, 생물학적으로 우리는 위기상황에 오래 노출된 것과 같습니다. 우리의 육체는 지쳐버립니다. 지쳐버린 상태에서 최선의 방법은, 소모되는 칼로리를 아끼고(대사량을 줄이는 것이죠), 당과 지방 같은 고칼로리 성분에 대한 집착을 높이는 겁니다. 그리하여 일부 연구에서는 빈곤과 비만은 양의 상관관계가 있다고 주장하기도 합니다. 저 역시 일리가 있다고 생각을 합니다.

오랜 기간 스트레스에 패배해왔다면, 칼로리 소모량이 줄어듭니다. 대사량을 줄여버립니다. 대사량이 준다는 것은 활동량이 준다는 것이고, 활동의 질 자체도 떨어진다는 뜻입니다. 내가 할 수 있는 잠재된 일들이 사라지는 겁니다. 굉장히 슬픈 일입니다. 당장 극복해내야 합니다. 이 스트레스는 사실 내가 더 나은 사람이 될 수 있게 도와주는 무언가라고 강력하게 생각해야 합니다.

위기의 상황이 찾아와 긴장이 되거든, 그 위기를 제대로 맞이할 준비가 되었다고 생각해 봅시다. 우리는 더 많은 일을 잘해낼 수 있을 겁니다.

46. 어떤 삶을 사는 것이 바람직한가.

어떤 삶을 사는 것이 바람직한가. 어떤 삶을 살기를 바라야 하는가. 하는 문제는 중요합니다. 인생의 방향성을 제시해주는 화두가 되니까요. 실은 그에 대한 해답을 우리는 어린 시절부터 배워왔습니다.

위인전을 쭉 읽어봅시다. 이 모든 위인들의 공통점은 무엇일까요? 난관을 헤쳐나가는 의지, 포기하지 않고 도전하는 용기, 위대한 발명을 하기 위한 노력 외 수 많은 가치가 있겠지만, 좀 더 명료하게 정리하자면, 자신의 일에 대한 진심입니다.

이순신 장군이 장군 일에 대해 별 관심이 없었다면 어땠을까요?
아인슈타인이 과학자로서의 일에 대해 별 관심이 없었다면 어땠을까요?
링컨이 정치가로서의 일에 대해 별 관심이 없었다면 어땠을까요?

로또 당첨되어서 하던 직장 때려치우고, 하던 일 그만두고 탱자탱자 논 사람은 위인전에 없습니다.

핵심은 일입니다. 내가 하는 일에 대해 진심을 갖고 있느냐입니다.

아무리 최소한의 노력으로 최대한의 돈을 버는 것이 좋다고 하더라도, FIRE족이 유행이더라도, 로또 복권 당첨으로 일을 그만두는 것이 꿈이라고 하더라도, 일에 대한 진심을 포기하는 것이 결과라면 그건 바람직하지 않습니다.

내 자식에게 어떤 삶을 물려주고 싶은가를 떠올려보면 좋습니다. 내 자식이 로또 당첨을 삶의 최우선의 가치로 여기며 매일 하고 있는 일, 생업을 하찮게 여기는 것이 좋을까요? 아니면, 매일 하는 그 일에 대해 진심으로 몰두하고 더 잘하고 싶은 마음을 가진 채 열정어린 삶을 살아가는 것이 좋을까요?

더 말할 필요 없이 후자입니다. 돈을 얼른 벌어서 일을 그만둬야겠다는 생각을 할 것이 아니라, 이 일을 더 진심으로 대하며 그 속에서 삶을 배워야겠다는 가치관을 핵심으로 두어야 할 것입니다.

47. 목표는 원래 불가능이다.

원래 미래의 목표는 현재의 불가능입니다. 지금을 기준으로, 목표는 불가능입니다. 그러다보니 목표를 이야기했을 때, 주변의 반응은 불가능하다는 것이죠. 나의 미래를 보지 않는 타인들은 당연히 지금, 현재 불가능한 일이니, 불가능하다고 판단을 하는 것이죠.

그럼에도 불구하고, 현재 불가능하다고 여겨지는 것을 목표로 설정하는 것은 아주 당연한 겁니다. 현재 가능한 일을 목표로 잡을 이유가 없으니까요. 지금은 가솔린 자동차를 타는 것을 목표로 여길 필요는 없죠. 현재 가능한 일이니까요. 그렇지만, 가솔린 자동차가 발명되기 전으로 돌아간다면 어떨까요? 그 당시로서는 불가능한 일이기 때문에 목표가 될 수 있는 거죠. 지금은 절대 할 수 없는 것이 목표입니다.

다음으로 지금을 기반으로 목표를 설정해도 안 됩니다.

다시 가솔린 자동차가 발명되기 전으로 돌아가 보죠. 그 때는 고작해야 말이 끄는 마차가 전부이던 시절이니까요. 당시 상상했던 미래는 실제로 다른 동물을 활용한 더 빠른 마차, 치타 정도를 활용할 수 있을까 생각했습니다. 또는 물속에서 고래를 부리는 고래잠수함 정도를 상상했습니다. 동물의 힘을 이용한다는 그 한계를 벗어나지 못했던 것이죠.

현재를 기반으로 미래의 목표를 잡아서는 안 됩니다. 현재를 기반으로 목표를 잡는다면, 마차에서 가솔린 자동차로 발전하는 것이 아니라, 말이 아닌 치타를 길들이려고 애를 썼을 것입니다(물론 치타는 말보다는 한참 지구력이 좋지 않아 별로 의미가 없었겠지만요.). 바뀔 미래를 기반으로 미래의 목표를 잡아야 합니다. 그러니까 정말 불가능해보일 것만 같은 목표도 괜찮습니다. 목표를 세우는 기반 자체도 알 수 없는 미래니까요.

최초의 내연기관 자동차를 발명한 칼 벤츠는 13살 때부터 꿈을 꿔왔습니다. 벤츠는 불가능을 꿈꾸고, 그 불가능을 가능으로 만들었습니다. 그 후 이야기도 재미가 있지만, 주제를 벗어나기에 접어두겠습니다.

지금 내가 아닌 것을 꿈꿔야 합니다. 지금 내가 할 수 없는 것을 꿈꿔야 하고요. 불가능한 일을 목표로 삼아야 합니다. 그게 목표입니다. 또 목표는 현 상태에서 판단하는 것이 아니라, 미래에서 판단될 무언가입니다. 지금 내가 어떠한가 보다, 앞으로 내가 어떻게 변할 것인가가까지 고려해야 합니다.

벤츠는 내연기관 자동차가 불가능하던 시절에 그 불가능을 꿈꾸었기에 꿈을 이루었습니다. 당신이 꿈꾸는 당신의 불가능은 무엇인가요?

48. 볼펜으로 쓴 오탈자를 지우려 하지 말자.

볼펜으로 글을 쓴 뒤, 오탈자를 확인했다고 합시다. 지우개로 아무리 지워도 소용이 없습니다. 지금 내가 그러고 있는 것은 아닌지 생각해봅시다. 지난 잘못에 집착하며 그 잘못 자체를 수정하려고 한다면, 그 잘못을 없던 일로 만들고 싶어 노력한다면, 모두 헛수고입니다. 집중해야 할 것은 이미 잘못 쓰여진 오탈자가 아닙니다. 바로잡을 수 없는 오탈자에 지우개를 문지를 것이 아니라, 앞으로 글을 더 잘 쓰는 수밖에 없습니다. 오탈자 다음에 쓸 새로운 글들이 중요합니다.

인정해야 합니다. 이미 저지른 잘못은 과거의 일부분으로 내 삶에 남게 됩니다. 할 수 있는 최선은 그 과거를 내 기억에서 지워버리는 것이 아닙니다. 그렇게 할 수 없을뿐더러, 지우려고 애쓰는 동안 새로운 글을 쓸 수 없기 때문입니다. 과거의 잘못에 집착하다 보면 새로운 삶을, 더 나은 삶을 살 기회를 잃어버리게 되죠.

과거는 바꿀 수 없습니다, 더 나은 일들, 훌륭한 일들을 함으로써 더 좋은 사람이 되어야 하는 겁니다. 잘못은 볼펜으로 써버려서 지울 수가 없습니다. 앞으로 비어있는 백지에 더 훌륭한 글을 써야만 합니다.

지금 내가 자꾸 지난 잘못을 떠올리며 자책하고 있다면, 볼펜으로 쓴 오탈자를 지우개로 지우고 있는 것과 같다고 생각하시면 됩니다. 지울 수 없는 것을 지우려 하고 있는 겁니다.
지난 잘못에도 불구하고, 앞으로 더 잘 하려고 노력하고 있다면, 볼펜으로 쓴 오탈자를 쓱쓱 그어버리고, 다시 앞으로 잘 나아가고 있다고 생각하시면 됩니다. 쓸 수 있는 것을 쓰려 하고 있는 겁니다.

과거의 잘못에 집착하지 말고, 미래의 잘할 일에 집중을 해봅시다.

49. 사람의 심지

사람마다 심지가 있습니다. 제가 쓰는 맥락에서 이 단어는, 심지는 마음 속 아주 깊은 곳에 위치하며 그 사람의 핵심 가치관입니다. 결국 겉으로 드러나는 무언가입니다. 환자들을 진료하다보면 이 심지가 존재한다는 것을 알 수 있습니다.

기분이 좋을 때, 몸이 아픈 곳이 치유되고 있으면, 참 선해 보이는 환자들이 많습니다. 대부분 그런 환경에서는 착합니다. 환경이 심지를 가려주는 겁니다. 반면, 조금만 아픈 곳이 생겨도 화를 내기도 하고, 간호사나 직원들, 진료를 보는 원장들에게도 화풀이를 하는 사람이 있습니다. 심지가 드러나는 때 이죠. 어떤 삶을 살아오셨을지 전혀 궁금하지 않습니다.

또 같은 상황임에도 불구하고, 여전히 선하고, 상대방을 배려하는 환자분들도 계십니다. 환경에도 불구하고 심지가 빛을 발하는 순간이죠. 어떤 삶을 살아오셨는지 정말 궁금합니다. 감탄스럽습니다. 저 또한 언젠가 힘든 시기가 오더라도, 빛이 났으면 좋겠다는 마음이 생깁니다.

오늘부터 연습합니다. 순간, 짜증이 나더라도 숨을 크게 들이마시고 천천히 내뱉고, 미소를 띠며 너그럽게 세상을 대하는 연습을요. 오랜 시간 연습을 하다보면 그 태도가 점점 제 겉에서 제 속으로 나무의 나이테가 새겨지듯 들어오리라는 것을 압니다.

세월이 좀 더 흘러 거친 상황 속에 놓이더라도 상대방을 먼저, 세계를 먼저 배려할 수 있는 심지가 제게 있기를 바래봅니다.

50. 감정을 잘 다뤄야 하는 이유

긍정적인 감정도 종류가 다양합니다. 사랑, 우정, 행복, 만족, 희망 등등이 있겠죠. 마찬가지로 부정적인 감정도 종류가 다양하죠. 원망, 증오, 분노, 슬픔, 절망 등등이 있겠습니다. 감정은 다양하고 복잡하기 때문에 사실 긍정, 부정 이분법적으로 나누는 것도 한계가 있습니다.

예를 들어, 완전하게 만족하면서 희망을 갖는 것이 가능할까요? 만족한다는 것은 더 바랄 것이 없다는 것이고, 희망이 있다는 것은 현재에는 부재한 무언가를 미래에는 획득할 가능성을 보는 것이죠. 바랄 것이 없는데, 바라는 것은 불가능 하죠. 만족하면서 희망하기는 어렵습니다. 이처럼 긍정적인 감정도 명확하게 구분이 됩니다.

부정적이면서 긍정적인 것은 가능할까요? 방금 이야기한 희망과 불만감은 동시에 존재할 수 있겠죠. 현재에는 부재한 가치, 목표를 획득할 가능성을 본다면 희망이고, 잠깐 생각에 휩쓸려 불가능성을 본다면 절망이겠죠. 한끝 차이입니다. 같은 상황에서 희망과 절망은 공존할 수 있습니다.

그 어떠한 상황에 있어도, 나는 긍정적인 감정을 기반으로 행동할 수 있고, 부정적인 감정을 기반으로 행동할 수 있습니다. 이것은 보통 무의식적인 차원에서 일어나지만, 그렇다는 것을 인지만 한다면, 좀 더 나은 방향으로 행동을 할 수 있습니다.

시험을 망친 경우에, 노력한다면 더 나은 성적을 받을 가능성에 집중할 수도, 역시 나는 안 된다는 불가능성에 집중할 수도 있습니다.
시험을 잘친 경우에, 목표를 이루고 난 뒤 바랄 것이 없다는 점에서 허탈감, 공허함을 느낄 수도, 열심히 하면 되구나 하는 자기자신에 대한 신뢰감을 느낄 수도 있습니다.

만족과 희망처럼 긍정적인 감정끼리도 공존할 수 없을 때가 있고, 희망과 절망처럼 긍정, 부정적인 감정끼리 공존할 수 있을 때가 있습니다.

그러므로 완벽한 긍정적인 감정이라 할 것도 없고, 완벽한 부정적인 감정이라고 할 것도 없습니다. 감정은 워낙 유연하고 가변적인 것이기 때문에, 집착할 필요가 없습니다. 그리고 유연하기 때문에 내가 원하는 방향으로 내가 더 성장할 수 있는 방향으로 잘 다룰 필요가 있습니다. 감정을 다루는 연습을 해봅시다.

51. 갈망하는 일을 해야 할까요?

내가 갈망하는 것과 좋아하는 것은 다릅니다. 많이 갈망하지만 그 만큼, 좋아하지 않을 수 있고, 적게 갈망하지만, 그보다 훨씬 더 좋아할 수 있습니다. 우리는 갈망하는 일을 해야 할까? 이에 대한 단서가 될 실험을 소개하려고 합니다.

밀크쉐이크 사진을 피험자에게 보여줍니다. 이 때 뇌 스캐너를 통해 활성화 정도를 측정합니다. 사진이기 때문에, 이 밀크쉐이크를 얼마나 갈망하는지를 볼 수 있겠죠. 도파민 분비를 가늠할 수 있습니다.
다음으로, 밀크쉐이크를 피험자의 혀에 공급을 합니다. 이 때의 활성도는 피험자들이 밀크쉐이크를 얼마나 좋아하는지를 나타내겠죠. 오피오이드 및 쾌락과 관련된 화학물질들의 분비를 가늠할 수 있습니다.

이 피험자들을 오랜 시간에 걸쳐 추적 연구를 했습니다. 비만이 된 피험자를 다시 조사해본 결과, 밀크쉐이크를 좋아하는 정도는 비슷하거나 줄어든 경우도 있었습니다.

다만, 갈망하는 정도는 높아졌습니다.

더 좋아하진 않지만, 더 갈망하게 됨으로써 밀크쉐이크, 감자튀김, 감자칩, 정크푸드를 더 섭취하게 되는 거죠. 더 좋아하지는 않기 때문에, 역시 더 만족하거나 더 행복하지는 않겠죠. 다만, 더 갈망하게 될 뿐입니다.

이러한 사례에서 갈망에 따라 행동한 결과는 필요 이상의 칼로리 섭취로 인해 유발된 비만이었습니다. 실패죠.

이제 하나의 상상실험을 해봅시다. 지금 내가 노력하지 않고, 쉬고 싶다는 갈망과 쉬었을 때 얼마나 좋아하는지를 측정해본다고 합시다. 비슷한 결과가 나올 겁니다.

오랜 시간에 걸쳐 추적 연구를 했다고 해봅시다. 노력 없이 푹 쉬었던 피험자들은 대게 실패했을 겁니다. 아니 100이면 100 실패했을 겁니다. 이 사람들이 쉬는 것을 좋아하는 정도는 비슷하거나 줄어들었겠죠. 다만, 쉼을 갈망하는 정도는 높아졌을 겁니다.

역시, 쉼을 갈망했고, 그 갈망에 따라 행동한 결과는 실패를 부를 것임을 예상할 수 있죠.

갈망하는 일을 했을 때, 실패로 이어졌죠.

그렇다면 어떤 행동을 해야 할까요?

그리 갈망하진 않지만, 좋아할 수 있는 일을 해야겠죠. 운동은 그리 갈망하진 않죠. 그렇지만 운동을 끝내고 나면, 오피오이드 및 쾌락 관련 화학물질들의 분비가 이루어집니다. 러너스 하이나 웨이트를 깔끔하게 끝내고 난 뒤 찾아오는 만족감을 떠올리시면 되겠습니다. 공부도 마찬가지죠. 새벽까지 도서관에서 공부한 뒤, 집으로 귀가할 때 의 그 만족감을 떠올리시면 되겠습니다. 갈망하진 않지만, 실은 좋아하는 일이죠. 일도 마찬가지입니다 (그런 경우가 많습니다).

내가 무슨 일을 해야 할지 도저히 모르겠다면, 가능한 선택지로 구성된 예비 리스트를 작성해보고, 일단 갈망하는 일은 지우십시오. 갈망하지 않는 일을 곰곰이 보시고, 그 중 가장 갈망하지 않는 일을 고르셔도 좋습니다. 아마, 공부나, 운동이나, 도전이 되겠죠.

우리는 좋아하는 일을 하기 위해서, 원하지 않는 일을

할 수 있어야 합니다.

52. 나는 중독된 삶을 사는가, 헌신하는 삶을 사는가.

필립모리스의 CEO가 내린 중독의 정의는 "어떤 사람들이 그만두기 힘들어하는 반복적인 행동"이다. 그렇다면 우리는 운동중독일까요? 그만두기 힘들어하는 반복적인 행동, 매일 운동하는 우리는 중독이 된 걸까요?

중독은 어떤 행위의 반복을 통해 형성된 습관이, 통제를 벗어난 상태입니다. 그 행위가 나에게 나쁜 영향을 주더라도 반복할 때, 악임을 알고도 통제할 수 없을 때, 비로소 중독이라고 할 수 있습니다.

담배의 니코틴, 대마의 CBD, THC, 양귀비의 헤로인, 소주의 알코올 등의 성분이 중독을 유발한다고 생각하죠. 아닙니다. 특정 성분이 있어야만 중독이 되는 건 아닙니다. 단순한 탄수화물과 지방의 조합도 중독이 됩니다. 이 탄수화물과 지방은 그 자체로는 중독성 물질이 아니더라도, 뇌에서 도파민을 비롯한 화합물을 만들어냅니다. 이것이 지속적으로 반복이 된다면, 점점 통제할 수 없게되죠. 비만이 되는 겁니다.

담뱃잎으로 니코틴을 만들고, 양귀비를 통해 헤로인을 만들 듯이, 뇌는 탄수화물과 지방을 통해 도파민을 비롯한 화합물을 만듭니다. 그렇게 음식에 중독이 되는 거고요. 자제력을 잃고 비만에 이르는 겁니다.

중독이란, 자제력을 잃었기 때문에, 자제력을 기르라는 조언 역시 아무도움이 되지 않는 상태죠. 반면, 운동중독은 이와는 성향이 다릅니다. 독서광도, 활자중독도 이와는 성향이 다릅니다. 철저하게 통제 하에 있고, 더 큰 자제력을 발휘 하여 습관이 된 것이고, 반복하게 된 것입니다. 노력이 존재합니다.

육체적으로 쉬고 싶은 마음을 통제하고 운동을 하는 것, 정신적으로 손쉽게 즐길 수 있는 쾌락인 짧은 영상시청을 통제하고, 독서를 하는 것은 중독이 아닙니다. 헌신입니다.

감자칩과 햄버거, 떡볶이 섭취를 매일 하는 사람은 운동을 매일 하는 사람과 다릅니다. 전자는 중독이며, 후자는 헌신입니다.

나는 자제력을 잃고 나를 피폐하게 하는 중독된 삶을 사는 지, 자제력을 발휘하여 나를 바로 세우는 헌신하는 삶을 사는 지 생각해 봅시다.

53. 왜 공부는 중독이 안 될까?

왜 공부는 중독이 잘 안되고, 운동은 중독이 잘 안될까요? 독서는 중독이 잘 안되고, 게임은 중독이 되고, 배달음식은 중독이 됩니다. 닭가슴살은 중독이 되지 않고요. 먹을 때 마다 질릴 수 있죠. 담배는 중독이 됩니다. 끊기 어렵죠. 어째서, 우리는 좋은 것들은 중독이 되지 않고, 나쁜 것들에만 이리 쉽게 중독이 될까요?

중독을 일으키는 요인은 다양하지만, 그 중 눈여겨 볼 것이 있습니다. 바로 속도입니다. 담배가 중독성이 강한 이유도 바로 속도인데요. 담배 한 모금을 흡입하면, 10 초 안에 입속의 니코틴이 폐의 혈액으로 또 뇌로 전달이 됩니다. 10초 안에 담배로 야기되는 만족감을 느낄 수 있는 것이죠.

브룩헤이븐 국립연구소의 노라 볼코는 뇌를 빨리 자극할 수록 뇌의 반응도 크다는 것을 처음 발견한 사람 중 한 사람입니다. 그러니까 속도가 빠를수록 중독성이 높다는 이야기인데요. 이러한 현상의 명확한 이유는 없지만, 일부 학자들은 속도가 보상의 강도를 높이기 때문에 해당 물질을 더 많이 섭취하게 된다고 주장을 하고요. 또 일부는 속도가 잠시 멈추고 생각할 수 있는 능력을 떨어뜨리기 때문에 더 많이 섭취하게 된다고 주장합니다.

모두 일리가 있지만, 제 생각으로는 특정 행위로 인한 반응이 일어나는 속도가 짧을수록 인과관계를 설정하기 쉽기 때문인 영향도 있지 싶습니다. 특정 행동을 하자마자, 만족감을 일으키는 반응이 생긴다면, 그 특정 행동을 반복하고 싶어 할 것이고, 이러한 반복이 그 행동에 대한 무딘 느낌을 부름과 동시에 더 높은 강도를 요구하게 되어 중독에 이르는 기전도 일부 있을 겁니다.

그래서 고칼로리 음식 섭취와 같이 즉각적인 만족감을 주는 행위, 담배를 피우는 행위, 게임을 하는 행위(게임 산업 성장의 핵심 중 하나는 플레이어로 하여금 다시 하고 싶은 충동을 불러일으키는 것이죠. 그리하여 반복적으로 게임을 하게 되면, 역시 무딘 감각이 생기며, 더 높은 강도 긴 시간 게임을 해야만 하는 중독 상태에 이르게 되죠.)

이에 반해 대부분 좋은 일들은 즉각적인 만족감을 주지

않습니다. 운동을 한다고 해서 바로 몸이 좋아지지 않죠. 공부를 한다고 해서 바로 성적이 오르지도 않죠. 닭가슴살 샐러드 한끼 먹는다고 해서 다이어트가 되지 않습니다. 좋은 일들은 대부분 행동에 대한 반응 결과가 굉장히 늦게 찾아옵니다. 인과관계 형성이 어려워 중독되기 어렵습니다.

반면, 소위 말해 나쁜 일들, 고칼로리 음식의 반복적 섭취, 흡연, 게임중독 등은 그 자체로서는 나쁘지 않을 수 있으나, 해당 서비스나 재화를 제공하는 기업의 입장에서 본다면, 소비자로 하여금 중독성을 갖게 하는 것이 최선입니다. 반복적인 구매를 통해 영익을 올려야 하니까요. 그리하여 본능을 자극하게 되는 겁니다. 인간은 달고 짜고 기름진 음식은 본능적으로 추구하게 되어 있고요. 게임에서 일어나는 사냥, 이 사냥에 대한 욕망은 인간에게 있어서 원초적인 부분입니다. 과거에야 고칼로리 음식을 사냥하려면 며칠을 고생해야 했는데, 배달음식과 게임을 통해 그 만족감을 즉각적으로 느낄 수 있죠.

이러한 원초적인 본능을 자극하는 방향으로 발전된 것들에 우리는 쉽게 중독이 되고, 중독 그 자체가 개인의 삶, 일상생활 등에 여러 악영향을 미치기 때문에 나쁜 일로 분류가 되는 것이죠. 철저하게 절제할 수만 있다면, 가끔 고칼로리 음식을 섭취하는 것도, 게임을 통해 사냥을 하는 것도 이로울 수 있습니다. 그렇지만, 철저하게 자제하는 것이 어렵게 설계가 되어있기 때문에 나쁜 일에 우리는 중독이 될 수 있고, 이 중독에는 우리의 삶을 망칠 수 있는 위험성이 내포되어 있죠.

우리는 우리의 뇌를 더 잘 알 필요가 있습니다. 이러한 속도가 중독에 주는 영향을 파악함으로 인해, 중독이 될 수 있는 일들을 더 주의할 필요가 있음을 깨닫고, 어렵고 힘들고 다시 하고 싶은 마음이 생기지 않는 좋은 일들을 더 자주 할 필요가 있습니다. 몸을 만드는 데는 몇 년이 걸릴 수도 있고요. 성적을 쭉 끌어올리는 데 몇 년이 걸릴 수도 있습니다. 이러한 긴 시간이 우리를 진짜 삶에 더 가깝게 만듭니다.

해보니까 바로 좋은 느낌이 들어서 또 하고 싶은 일이 좋은 일이 아니라, 해봤는데도 큰 변화가 없어 지루한 느낌이 들고 다시 하고 싶지 않은 일이 좋은 일일 수 있습니다.

54. 박테리아에게서 배울 점

박테리아의 생존 전략입니다.

1. 아무 방향이나 일단 정하고, 그 방향으로 쭉 나아갑니다.
2. 좋다면 쭉 가고, 나쁘다면 다시 1번으로 돌아갑니다.

정말 단순합니다. 아무 방향이나 정하고, 직진하는 겁니다. 직진하면서 먹을 것도 있고, 괜찮다면 그대로 갑니다. 먹을 것도 없고 나쁘다면, 다시 아무 방향이나 정하고 다시 직진합니다.

인류인 우리는 때론 너무 복잡한 계산에 빠져 어떤 방향으로 갈지 정하지도 못하죠. 저도 그럴 때가 있습니다. 어떻게 해야 할지 모르겠다보니 나아가지 못하고, 머리만 쥐어뜯고 있습니다. 박테리아를 보고 배워야겠습니다. 지금이 나쁘다면, 뭐라도 좋으니 일단 다른 길로 나아가 보자고요.

지금 하는 일이 잘된다면, 좀 더 하면 되고요. 나쁘

다면, 다른 일을 하면 되는 겁니다. 아주 단순하지만, 박테리아의 생존전략이기에 우리 입장에서 미개하기도 하겠지만, 우리는 그것조차 못하고 있을 때가 많다는 거죠.

예를 들자면, '내가 공부를 해서 성적이 오를까?' '내가 운동을 해서 몸이 좋아질까?' '내가 면접을 준비해서 합격을 할까?' '내가 이걸 해서 될까?' 하는 고민만 하고 있죠. 박테리아는 최소 현 상황이 나쁘다는 판단이 서면 방향을 바꿔 다시 앞으로 나아갑니다. 그 자리에 멈춰 '가도 될까?' 하는 고민 따위 하지 않는다는 겁니다.

인간에 비교할 수도 없이 단순한 이 생명체에게는 오히려 생존에 핵심적인 전략만 담겼을 수도 있습니다. 때론 너무 복잡한 계산과 고민에 빠져있기보다도, 무작위라도 좋으니, 아무거나 정말 '아무거나'라도 좋으니 다른 일을 시작하고 나아가봅시다.